梶山孝夫

大日本史と扶桑拾葉集

◆水戸史学選書◆

水戸史学会発行
錦正社発売

まへがき

いふまでもなく大日本史と扶桑拾葉集は水戸藩が全総力をあげて編纂した書物である。他にも礼儀類典や釈万葉集をはじめ数多くの編纂物があるが、これらの書物が果たした歴史上の役割は指摘するまでもなく、今日の学界でも充分に通用するものが少なくない。本書は大日本史と扶桑拾葉集の今日的役割を明らかにすることを念頭に置きながら執筆したものであるが、大きく二分される。第一章から第七章までが主として大日本史に関はるもの、それ以後が扶桑拾葉集を主題としたものである。もとより両者の関連に及んだものも含まれるから厳密ではないが、水戸藩の代表的編纂物の内容に直接に踏み込んだ論考である。特に扶桑拾葉集に関する論考は、伝統的見解ともいふべき義公光圀の南朝正統論に真つ向から挑戦する論に対して反駁を試みたものであるとともに、その国文学史上における価値の再認識を促さうとしたものである。

本書に収めた論考は巻末の初出一覧からも窺へるやうに一篇を除いてすでに発表したものであるが、学位請求論文とした前著『水戸派国学の研究』以後に執筆した同研究第二部を中心としてゐる。末尾の一文は大日本史と扶桑拾葉集の両者に関はる水戸学史上の最も重大な問題に関して、これまでの伝統的見解を弁護したものである。大方の諸賢のご批判を仰ぎたいと思ふ。

もとより、大日本史にしても扶桑拾葉集にしても汲めども尽きぬ巨大な学問大系を有してゐるからこのやうな小著で事足りるはずはないけれども、敢へて刊行しようとするのは第一に妄説に対する反論ののろしだけは挙げておきたいと思つたこと、第二にたまたま今年が寛文十二年の彰考館開館から数へて三百三十年に当たつてゐるのでそれを記念しようとしたからである。拙いものとはいへ、水戸史学会の名越時正会長はじめ、理事各位、会員の皆様のご指導なくしては本書を著はすことは到底できなかつた。ここに厚く感謝の誠を捧げ、今後ともご叱正を賜りたいと思ふ。

平成十四年五月四日　ふじの花咲くころ

著者記す

大日本史と扶桑拾葉集　目次

大日本史と扶桑拾葉集

第一章　『大日本史』と和歌
――その引用をめぐつて――

はじめに

元来、水戸学派には国学的教養に富む学者が儒学のそれに比べて少ないといはれてゐるが、和歌に関するかぎりその影響はほとんどないといへる。それは『大日本史』の紀伝には相当数の和歌が引用されてをり、その史料的価値がけつして低いとは思はれないからである。一体、その実体は如何なるものであつたらうか。以下の叙述では、この点を解明しながら水戸学派における和歌の史的価値観（和歌史料観）を探つてみたいと思ふが、まづ藤田幽谷のそれを検討し、続いて『大日本史』歌人伝に及んでいくこととしたい。

一　藤田幽谷の和歌史料観

彰考館総裁であつた藤田幽谷の和歌史料観を明確に表明してゐるのは、次の書簡である。この書簡は『貴重書解題』第十四巻書簡の部第三の七一で文政七年か八年の頃青山拙斎に宛てられた「国史之事」と題されたものであるが、後半部分を掲げよう。

一、清忠の伝末エ別紙の通り新葉集の和歌をのセ候ハヽ、吉野小朝廷偏安不振の形勢も見へ可申存候。清忠等何の不足惜候人ニハ、如此御哀痛の御歌詠有之、藤房の去、正成の死に至候而ハ、御惜被遊候御事も見へ不申候。仍而清忠の死を御惜被遊候御歌をのセ候事、実録とも可相成候。乍去無識のもの見候ハヽ、記者の辞清忠ヒイキの様に被思候而ハ迷惑に御坐候。且又伝中に和歌を載候事、不得已之外ハのセ不申候様被成度、貴諭も御坐候間、清忠伝の末も御同心ニハ有之間敷候へバ、無用之事とハ存候へ共、試に及御相談候。以上。

傍線部はその具体的表明であるが、若干の註釈を試みよう。「清忠の伝」といふのは『大日本史』列伝巻百六十七にみえる藤原清忠伝のことであり、その末尾に『新葉和歌集』から引かれてゐる後醍醐天皇御製の、

ことゝはむ人さへまれに成にけり我が世のすゑの程ぞしらるる

が「新葉集の和歌」である。引用はないが、詞書には「吉田前内大臣、右大弁清忠など打つゞき身まかりにける比、思召つづけさせ給うける」とみえるので、明らかに天皇が清忠等に示された哀惜の念である。ここで、幽谷の主張を整理してみると、次の二点となるであらう。

1清忠伝に御製を引き、藤房や正成の伝に御製がないことは、実録とはいふものの清忠贔屓の恐れがあること。

2伝に和歌を引くのはやむを得ない場合に限定すべきであること（これは拙斎の意見でもある）。

確かに、『大日本史』の藤房伝と正成伝には御製はおろか和歌の一首さへ引かれてゐないのである。叙述の分量が清忠伝に比べて圧倒的に多いのは歴史上の役割からして当然ではあらう。また、清忠と正成の関係をみると、東上する「尊氏」との合戦に際して「都外決戦」（清忠伝及び正成伝）を主張したのが清忠なのである。正成の献策は用ゐるところとならず湊川の戦ひとなるのであるが、このやうな事情をふまへてみれば1は認められてしかるべきと思はれる。2については、引用書簡の前半部でも「師基伝末教基和歌之事」（刊行本にはみえないので修訂されたのであらう）について「外之事跡も無之人にて、和歌斗のセ候事、不得体候様思召候由、御尤奉存候」と記してゐるから和歌引用時の慎重を窺ふことができる。ただ、幽谷は慎重のみを主張したわけではなく、「其為人をも見るに足」（同書簡）といふ観点も含んでゐたことも付加しておかう。

それでは、幽谷の主張は『大日本史』にどのやうに反映されてゐるのであらうか。それとも、幽谷の主張が『大日本史』の記述の反映なのであらうか。一体、幽谷の主張と『大日本史』との実際は如何なる関係にあるのだらうか。次に、歌人伝を例としてこの問題を検証してみることとしよう。

二　『大日本史』歌人伝の引用和歌

『大日本史』の和歌といへば、まづは歌人伝を取り上げるべきであらう。その歌人伝は列伝四巻からなり、構成は次の通りである。

列伝一四五　歌人一

柿本人麻呂

山部赤人

＊在原業平

＊大友黒主

列伝一四六　歌人二

＊紀貫之　＊姪友則

＊凡河内躬恒

＊壬生忠岑　＊子忠見

＊大中臣能宣　子輔親

清原元輔

列伝一四七　歌人三

＊藤原長能

＊橘　永愷

平　兼盛

藤原実方
藤原顕季　孫清輔
藤原通俊
藤原敦頼
*藤原範永
列伝一四八　歌人四
藤原基俊　僧仙覚
源　俊頼
藤原俊成　子定家　孫為家　曾孫為氏　為相
藤原家隆
藤原貞宗　僧清弁　慶運
*卜部兼好

以上、二十三項を立てて都合三十四人の伝記を収めてゐる。文の長短はあるけれども、古代中世の代表的歌人は含まれてゐるとしてよいであらう（清輔伝や俊成伝のやうに末尾に関連する人物を含んでゐる場合もみられる）。*印を付した人物に和歌が引用されてゐるが、都合十二人となる。およそ三分の一であるが、これが多いのか少ないのかはにはかには判断できまい。そこで、次に引用された和歌自体を検討してみよう。各伝の和歌は『大日本史』の表記をも併せて掲げることとする。歌数は都合二十七首である。

在原業平伝（一首）

名にしおはゞいざ言問はん都鳥我が思ふ人はありやなしやと
奈仁志於波婆伊邪古登登波牟美夜古杼里和我於毛布比斗波阿利也奈志也登

大友黒主伝（一首）

さゝら浪まもなく岸を洗ふめり渚清くば君とまれかと
佐佐羅奈美麻毛奈久岐之乎阿良布米利奈岐佐幾与久波岐美斗麻礼登加

紀貫之伝（三首）

手にむすぶ水に宿れる月影のあるかなきかの世にこそありけれ
氐珥牟須鶩美豆珥挪妬礼流都岐加牙能阿流加奈岐加能余珥古曽阿利計礼

かきくもり黒白もしらぬ大空にありとほしをば思ふべしやは
珂伎玖毛理阿邪米毛志羅奴於保存良珥阿利斗保志乎婆於母布倍志邪波

勅なればいとも畏し鶯の宿はと問はゞいかゞ答へん
知余玖儺戻婆伊登毛加志虚志宇遇比須能耶妬波登登波婆伊加我虚多閇牟

友則伝（一首）
春霞かすみて去にしかりがねは今ぞ鳴くなる秋霧の上に
波流加須美加須美氏以珥志加利餓禰波以麻層名玖名流阿岐岐利能宇閉珥
凡河内躬恒伝（二首）
照る月を弓張としもいふことは山辺をさしていればなりけり
氏流津岐遠由美波利斗志毛以布古斗波挪摩倍遠佐志氏以礼婆名利計利
我がやどの花見がてらに来る人は散りなんのちぞ恋しかるべき
和我邪鴦能波名美我氏羅珥玖流比斗波知利名牟能知層古比志加流倍喜
壬生忠岑伝（二首）
かさゝぎの渡せる橋の霜の上を夜半にふみわけことさらにこそ
加佐佐疑能和多世流波志能志毛能宇閉遠与波珥布美和計古登佐羅珥古曽
有明のつれなく見えしわかれより暁ばかりうきものはなし
阿利阿計能都例難久美要志和可礼余利安可都伎婆加利宇伎母乃波奈思
忠見伝（六首）
見しかども何とも知らず難波潟波のよるにてかへりにしかば
弥志加妬毛奈珥斗毛志羅受奈珥波加多奈弥能与流珥涅加閉利珥志加婆

住吉のまつとほのかに聞きしかばみちこししほや夜かへりけん
須弥与志能麻都斗保能加珥岐岐志加婆弥知古志志保夜与流加閉利計牟
桜花高き梢のなびかずばかへりやしなん折りわびぬとて
佐久羅婆奈多加岐古受恵能奈備加受波加閉利邪志奈牟遠利和備奴斗氐
折りわびて帰らんものかきしかげの山の桜は雲井なりとも
遠利和備氐加閉羅牟毛能加岐志加牙能邪麻能佐久羅波久毛韋奈利斗毛
恋すてふ我が名はまだき立ちにけり人知れずこそおもひそめしか
古比須氐布和我奈波麻駄岐多知珥計利比登志例儒古曽於毛比曽迷志加
忍ぶれど色に出でにけり我が恋は物や思ふと人の問ふまで
志能夫例渡以呂珥以伝珥計利和我古比波毛能邪於毛布登比登能登布麻伝

大中臣能宣伝（一首）
千歳までかぎれる松も今日よりは君にひかれてよろづ世や経ん
知斗世麻伝加芸戻流麻闘毛計布余利波岐美珥比加戻氐余呂豆余邪閉牟

藤原長能伝（一首）
心憂き年にもあるかな二十日あまりこゝぬかといふに張るの暮れぬる
古古呂宇幾登志珥毛阿流加奈波都加阿麻利古古奴加登以布珥波流能久礼奴流

橘永愷伝（三首）

山ふかみ落ちてつもれる紅葉葉のかわけるうへに時雨ふるなり

邪麻布加美於知天都毛礼留毛美治婆能加和計留宇倍珥志具礼布留奈利

天の河なはしろ水にせきくだせ天下ります神ならば神

阿麻能我波儺波志呂美豆珥世幾久陀世阿麻久陀里麻須可美儺羅婆可美

都をば霞とともに立ちしかど秋風ぞ吹くしらかはの関

美也古遠婆加須美登登毛珥多知志加妬阿幾加筮層布久志羅加波能世幾

藤原範永伝（五首）

住む人もなき山里の秋の夜は月のひかりもさびしかりけり

須牟比騰毛奈岐耶麻佐斗能阿岐能余波都岐能比加利毛佐備志加利計利

雪ふかき道にぞしるき山里は我よりさきに人来ざりけり

由岐布加岐美知珥曽志流岐耶麻佐斗波和礼余利佐岐珥比斗古弉利計利

いかなれば岸に八重咲く山吹のひとへに池のそこに見ゆらん

以加奈礼婆岐志珥椰辺佐久椰麻夫岐能比登辺珥以計能曽古珥美由羅牟

池水に咲きかゝりたる山吹をそこに沈める枝と見るなり

以計美豆珥佐岐加加利多流椰麻夫岐遠曽古珥志豆迷流曳駄登美流奈利

木の葉散る宿は聞きわくことぞなき時雨する夜もしぐれせぬ夜も
古能波知流夜妬波岐岐和玖古斗層奈岐志遇礼須流余毛志遇礼世奴余毛
卜部兼好伝（一首）
契りおく花とならびの岡のべにあはれいくよの春をすぐさん
知芸理於久波奈等奈羅毘能袁迦能陪爾阿波礼伊久与乃波留乎須具佐牟

以上によつて、『大日本史』の表記が一音一字であり、三十一文字から三十四文字で構成されてゐることが知られる。(1) もとより『大日本史』は漢文の歴史書であるから引用の和歌が万葉仮名によつて記されるのは当然である。各和歌はそれなりに著名なものであり（代表作といへるかどうかはなほ検討を要するが）、一応は伝記を叙述する上で必要欠くべからざるものと判断されよう。しかし、その引用形態は一様ではなく、引用方法も一定してゐるとはいひがたいやうであるから、次にこれを検討してみよう。

三　伝記叙述量と和歌引用との関係

そこで、各伝記の叙述量と前節に掲げた和歌の引用形態を大日本雄弁会刊行本によつて比較してみると、左のやうになる。叙述量は1が行数、2が割註部分を除く本文の字数、3が和歌の字数を2から差し引いた字数を示してゐる（＊は前節同様に和歌引用を示す）[2]。なほ、形態では引用歌を本人の歌・他人の歌・贈答の歌で区別し、括弧内は法皇や帝との関係歌数である。

伝記	叙述量1	叙述量2	叙述量3	引用数	形態
柿本人麻呂	一八	九八	九八	0	
山部赤人	六	一〇〇	一〇〇	0	
＊在原業平	一〇	二五五	二二二	1	本人
＊大友黒主	一〇	二三六	二〇五	1	本人（1）
＊紀貫之	二一	五二九	四三四	3	本人・本人 他人（1）
＊姪友則	六	一三三	一〇一	1	本人
＊凡河内躬恒	八	二〇二	一四〇	2	本人（1） 本人
＊壬生忠岑	九	二三四	一六二	2	本人・本人
＊子忠見	一三	三五〇	一六三	6	贈答（本人2・帝2） 本人・他人

＊大中臣能宣	八	一九九	一六八	1	本人
子輔親	五	一三〇	一三〇	0	
清原元輔	六	一三三	一三三	0	
＊藤原長能	七	一七八	一四四	1	本人
＊橘　永愷	一八	四五八	三六五	3	他人・本人　本人
平　兼盛	五	一〇六	一〇六	0	
藤原実方	一二	三一五	三一五	0	
藤原顕季	九	二三三	二三三	0	
孫清輔	一七	四六九	四六九	0	
藤原通俊	一二	三三七	三三七	0	
藤原敦頼	一〇	二九九	二九九	0	
＊藤原範永	二四	六六一	五〇六	5	本人・他人　他人・他人　他人
藤原基俊	一一	二八〇	二八〇	0	

僧仙覚	四	九三	九三	0	
源　俊頼	二二	六一五	六一五	0	
藤原俊成	二六	六八九	六八九	0	
子定家	三三	八一八	八一八	0	
孫為家	一六	三八六	三八六	0	
曾孫為氏	一二	二八三	二八三	0	
為相	八	二〇三	二〇三	0	
藤原家隆	一二	三一五	三一五	0	
藤原貞宗	二〇	五一六	五一六	0	
僧清弁	二	二九	二九	0	
慶運	四	九四	九四	0	
＊卜部兼好	一二	二八四	二五三	1	本人

これらの状況から、貫之・清輔（弟僧顕昭の伝を含む）・俊頼・俊成（寂蓮の伝を含む）・定家・貞宗等和歌史上の著名な歌人の伝は詳細であることが知られ、しかも和歌の引用は貫之を除けば皆無である。貫之の場合は一首が女の作であってその伝記構成上のためであり、他の二首は彼の代表的作と

いふよりは伝記構成上の必要からといふべきであらう。このことは橘永愷（能因）の場合も同様である。「都をば」の一首は自ら絶唱としたが、陸奥に赴かずしての作といふから伝記構成のための引用とすることができる（歌人伝は割註にそれを考察してゐる）。

人麻呂や赤人の叙述量が少ないのは伝記史料の残存が少ないためであり、今日といへども詳細な伝記をなすことはむつかしいであらう。(3)独立の伝において人麻呂伝がもつとも少ないが、割註記載は後世の伝聞史料を吟味するためにかなりの分量となつてゐる。両者（歌聖といはれた人麻呂でさへ）ともに和歌を引かないのは「不得已之外ハのせ不申」といふ意向があつたからであらう。

忠見伝は過半が和歌といふ特殊な伝である。それは、帝との贈答歌二組を伝の中心にすゑてゐるからであるが、しかも贈答歌の引用はここだけである。

範永伝に五首の引用がみられるのも特異であるが、その構成をみると範永は一首のみで、他は和歌六党と号した平棟仲・藤原経衡・源兼長・源頼家・源頼実のうち経衡以下の四名に一首づつを引いてその伝を記してゐるのである。したがつて、範永に関する叙述量は決して多くはなく、歌人伝全体に占める位置は高いとはいへないであらう。

これに対して、俊成・定家伝の叙述量は圧倒的に多く（しかも曾孫にまで及ぶ）もつとも詳細である。(4)彼らが和歌史上で神のごとき存在であり、その歌が重宝されてゐることはいふまでもないが、その歌の引用が皆無なのであるから、ここに『大日本史』の和歌史料観が表明されてゐるとしてよいであらう。

また、中世以降の伝に叙述量が増大するのは史料の残存状況とも密接な関係を有するからであらう。なほ、蛇足ながら俊頼は『金葉和歌集』の撰者で『俊頼髄脳』の歌学書があり、貞宗は頓阿と号し『新拾遺和歌集』の後継撰者をつとめ、『愚問賢註』や『井蛙抄』等の歌学書で知られる。ともに、歌学史上の重鎮であるから叙述量が多くても不思議はあるまい。(5)

をはりに

このやうにみてくると、和歌の引用は伝記構成上必要と判断される場合に限られてゐることが多く、法皇や帝との関係で詠まれた歌や本人以外の歌を採用してゐることはその典型であらう。しかも、それらの和歌は必ずしも文学的に優れ、その歌人のもつとも代表的な歌とは限らないやうである。それは、和歌を文学としてよりも伝記構成のための史料として捉ゑてゐるからであらう。

さうしてみると、忠見伝や範永伝等は若干の問題を残すとしても、幽谷の「不得已之外ハのせ不申」といふ指摘は概ね合致するといへる。ただ、『大日本史』編纂の当初からさういふ意図が明確に存在したかどうかはわからないが、すくなくとも史料探索をすすめつつ度々の校訂を加へた結果の所産であることは確かであつて、幽谷の主張も『大日本史』の叙述と無関係ではありえないと思はれる。

註

（1）字余りの歌もそのまま文字を当ててゐる。赤司久明氏によれば、『大日本史』の万葉仮名には今日においても優れたものがあるといふ。（『水戸史学』第三号所載「大日本史歌人列伝」の内容変遷について――「能因伝」を例として――）

（2）数字はあくまでも目安であり、厳密なものではない。大方の傾向が判断できればよいであらう。

（3）斎藤茂吉氏や梅原猛氏に詳細な著書があるが、伝記そのものはいたつて簡略である。梅原氏の著『水底の歌』は読書界を賑はしたが、先行学説にふれながら推論に推論を重ねたものであつて、要は歌の解釈によつて構成したにすぎない。また、桜井満氏の『柿本人麻呂論』も手堅い論考ではあるが、伝記に関するかぎり同様の傾向といへる。

（4）かつて、俊成・定家伝と家隆伝を比較し、叙述量の少ない家隆伝の方に『大日本史』の記述は好意的であることを指摘したことがある。拙著『水戸の国学――吉田活堂を中心として――』第十一章を参照されたい。

（5）歌人伝は卜部兼好を加へてゐるにもかかはらず西行（佐藤義清）を含んでゐない。『大日本史』は西行を軽視したわけではなく、実は隠逸伝に収め、その叙述量は三十三行に及び、和歌一首を引いて伝を構成してゐる。

第二章　『大日本史』歌人伝の記述について

はじめに

『大日本史』がその伝記を構成するために史料をどのやうに扱つたかといふ問題は、彰考館の史臣たちの史眼を窺ふ上で絶好の材料となるであらうし、それはまた『大日本史』の今日的史的価値を判断するに際しても重要なことであると思はれる。本章では、「歌人伝」を例としてこの問題を考へてみたいと思ふ。すでに「歌人伝」と和歌の関係については言及してゐるが、以下には二例（「壬生忠見伝」と「平兼盛伝」の対比及び「在原業平伝」）を検討して補足としつつ、記述の実際を探つてみたいと思ふ。

一　「壬生忠見伝」と「平兼盛伝」の対比

忠見伝に六首の和歌が引用されてゐるのに対して兼盛伝には一首も引かれてゐない。しかも、忠見伝は「歌人伝」中最多の引用数である。このもつとも際立つた二人を対比するのは、天徳四年の内裏歌合二十番でつがへられ、その事情は和歌史上の名対決として人口に膾炙するからである。

さて「歌人伝」における両者の記述量の差は引用和歌数からも明かであるが、全体の分量も相当の差がみられる。前章に指摘した両者の分量を再度掲げてみると次のやうになる。

忠見伝	一三	三五〇	一六三	六
兼盛伝	五	一〇六	一〇六	〇

数字は順に、大日本雄弁会刊行本による行数、割註部分を除いた本文の字数、和歌の字数を除いた字数、引用の和歌数である。これにより、忠見伝の優位は明かであるが、過半が和歌によることにも注目しておかう。

次に「歌人伝」の記述を対比してみたいと思ふが、まづは両者に共通する記述、すなはち内裏歌合の部分から検討してゆかう。

忠見伝には、

会々禁中に歌合ありて、忠見、平兼盛に配せしが、忠見が歌に曰く、恋すてふ我が名はまだき立ちにけり人知れずこそおもひそめしかと。深く以て自負したりしに、兼盛が歌に曰く、忍ぶれど色に出でにけり我が恋は物や思ふと人の問ふまでと。二首、皆秀絶なり。左大臣藤原実頼、判者となりて、優劣を決すること能はざりしに、披講するに及びて、帝、屢々兼盛が歌を吟ぜしかば、終に兼盛を以て優れりとなしゝに、忠見、大に望を失ひ、遂に憂ひを以て死せり。

とみえるが、兼盛伝には、

天徳中、禁内に歌合ありて、兼盛、和歌を上り、是の日、衣冠を正して陣座に端座したりしが、己が歌の勝ちたるを聞き、其の余を問はず、拝舞して退きたり。

とある。この内裏歌合に関する限りどちらの伝に記述しても支障はないと思はれるので、忠見伝に収めたそれなりの理由があるはずである。その理由は如何なるものであらうか。その主なる理由は「歌人伝」の構成によるのであらう。忠見伝は「歌人伝」二に、しかも父忠岑に付随する形式で収められてゐるのに対して、兼盛伝は「歌人伝」三に収められてゐる。「歌人伝」は年代順を原則としてゐるから、忠岑伝に付随されてゐる忠見伝が先であることは当然ともいへよう。したがつて、共通する内容であれば先に記述されることに特に問題はあるまいと思はれる。

次に問題とするのは、忠見伝に「大に望を失ひ、遂に憂ひを以て死せり」とみえることである。この記述は『沙石集』の「歌ゆゑに命を失ふ事」といふ一条によつてゐるのである。この点について契沖の『百人一首改観抄』に、

沙石集には此哥合にまけて忠見はそれより不食の病つきて死たるよしかけり。されと其後もなからへたるよし家集にも見ゆれはおほつかなし。

と疑問視してゐるのである。忠見伝にも末尾に「集あり。世に伝れり。」とみえ、歌合の前にも「今家集に従ふ」との割註があるから、家集すなはち「忠見集」を見てゐたはずであるが、「歌人伝」は

それを採用しなかつたのである。今日、契沖の指摘は承認されてゐるのであるから（契沖説が参照されたかどうかは不明）「歌人伝」の不備は認めなければならないであらう。

第三に、忠見伝が六首の和歌を採用して伝記を構成してゐることである。六首が他の伝に比べて圧倒的に多いことはすでに述べたが、内裏歌合の二首は有名な歌話であるから認めるにしても、他の四首についてはいかがなものであらうか。何か特別な事情が存在したのであらうか。この四首は贈答形式で二組が採用されてゐるが、ともに出典は『袋草紙』である。忠見伝を含む「歌人二」は逸話を示す上での採用であり、しかも御製は忠見伝の二首のみである。帝との関連では躬恒伝において「汝、其歌を作りて以て対へよ」との仰せによつたものがあるのみであるから、やはり忠見伝の四首は異常であらう。参考までに範永伝の五首をみると、範永の詠は一首のみで他は和歌六党（範永はその首魁）と呼ばれた歌人の歌であり、範永伝自体が他の五人の伝を含んで構成されてゐるから忠見伝とは比較の対象にならないといへよう。

さうしてみると、記述の上で何らかの議論が生じたのではないかとも推察されるが、管見の及ぶ限り不明である。ただ、先に引用した兼盛伝の記述は『袋草紙』によつてゐるが、その中では伝記を構成するには唯一の箇所といつてもよいのであり、忠見伝も簡略化されてはゐるが『袋草紙』によつてゐるのであるから、ともに基本史料を『袋草紙』に求めたところから出来する事態といふことにならう。『大日本史紀伝撰者考』によれば兼盛伝の執筆は鵜飼千之と小池友賢により、その終了は元禄十五年二月三日とのことである。

二 「在原業平伝」について

ここで考察の対象とするのは、『三代実録』によつた業平伝の「体貌閑麗、放縦にして拘らず、善く和歌を作る」といふ箇所である。実は、この箇所の引用が正確ではないのである。『三代実録』には「体貌閑麗、放縦不拘、略無才学、善作倭歌」とみえるので、明らかに「略無才学」といふ四文字を省いたのである。それが単なる誤脱によるのか、それとも何らかの理由があつてのことなのか、といふことを考へてみようといふのがここでの試みである。業平伝のこの箇所は省略部分を除いて『三代実録』と全くの同文であるが、この前後にも『三代実録』によつたところがある。それは冒頭の、

在原朝臣業平、阿保親王の第五子なり、天長中、兄行平と共に姓在原を賜る

といふのと、

貞観中、右馬頭に任ぜられ、敕を奉じて、鴻臚館に就きて、渤海の使人を労す、右近衛権中将となり、元慶中、相模・美濃の権守を歴兼して、卒す、年五十六、

の箇所である。ちなみに、『三代実録』元慶四年五月廿八日の条の該当記事は次の通りである。

廿八日辛巳。従四位上行右近衛権中将兼美濃権守在原朝臣業平卒。業平者故四品阿保親王第五子。正三位行中納言行平之弟也。阿保親王娶桓武天皇女伊登内親王。生業平。天長三年親王上表曰。

无品高岳親王之男女。先停王号。賜朝臣姓。臣之子息未預改姓。既為昆弟之子。寧異歯列の差。於是。詔仲平行平守平等。賜姓在原朝臣。業平体貌閑麗。放縦不拘。略無才学。善作倭歌。貞観四年三月授従五位上。五年二月拝左兵衛佐。数年遷左近衛権少将。尋遷右馬頭。累加至従四位下。元慶元年遷為右近衛権中将。明年兼相模権守。後遷兼美濃権守。卒時年五十六。

また、左の条も参照されたであらう。年代順に掲げてみよう。

貞観七年三月九日の条

従五位上守左近衛権少将在原朝臣業平為右馬頭。

貞観十四年五月十七日の条

勅遣正五位下行右馬頭在原朝臣業平向鴻臚館。労問渤海客。

貞観十七年正月十三日の条

従四位下行右馬頭在原朝臣業平為右近衛中将云々。

傍線部が直接に参照され、一部は借用されたと思はれる箇所である。他にも業平に関する条がみられるが業平伝との関係はないと思はれるので省略し、これらの『三代実録』の記述と業平伝との関係を考察してみよう。まづ、伝記に関する箇所では右近衛中将に関して錯誤がある。すなはち、貞観十七年と元慶元年の両条に記載みられるからである。業平伝はこの錯誤に対して貞観中の末尾に記してゐるから、元慶元年を採用してはゐないのである。史料として多くを採用した元慶四年の条に拠らなかつたのは何らかの理由があつてのことであらうが、今は不明とするほかはない。

次に、本題に移らう。本節の冒頭に掲げた省略の問題であるが、この部分の記述十六文字は在原業平の評としてよく知られるところである。業平伝はこの部分の「略無才学」といふ四文字をそつくり省いたのであるから、『三代実録』のこの評を認めなかつたといふことにもならう。よつて、この部分の解釈を少しく検討してみよう。ここの解釈では今井源衛氏と福井貞助氏のものが参考になると思はれるので、例として福井氏の解釈―省略部分の―を示してみよう。

次に「略無才学」である。今井氏（梶山註、『日本文学』第五四号所載「業平―三代実録の記述」を指す）は才学を官人的アクセサリーと解した。勢語中には別にはっきりとそういう点に欠けた男だとして描出しているわけではない。しかしながらその種のアクセサリーとはしかるべき官職に添うているものと解するのが普通である。従って、ことごとしい官職名を出す諸段では、男は官職名と共に官人的才学に包まれた存在の如くに印象づけられ易く、その点、史実的諸段にあっては、主人公が略無才学であるのはいささか解し難いというものであろう。近世の注釈家が「無才学」とは「有才学」の誤であると弁じ立てたのも、右馬頭、中将などいう官歴をふんだ人として、主にそういった官職の側から不審をいだいたものである。しかし物語中この男の極官は中将で、その官職が示されるのも主に恋物語の中であり、あとは右馬頭とか近衛府の官人とかの

程度で、大臣、納言、大将などきらきらしい官職とは一向に無縁である。従って物語中の男は、
それほど才学が重視さるべき存在とも思われないのである。（伊勢物語生成論・増補版）

伊勢物語との関連で論ぜられてゐるが、要するに業平にとつての才学は重視するほどのことではないといふことであらう。とすれば、それほど問題とすべきではないから省略したといふことになるのであらうか。あるいは、近世の注釈家が疑問としたやうな箇所であるからなのであらうか。しかしながら、福井氏は省略部分に限らず十六文字すべてが「総じて、勢語の史実段と対比した場合、皮相的にはおよそうらはらである。」（同前）と述べられてをり、この部分のみが特別とはいへないことにも留意しなければならないであらう。

この省略記述に関してもう一例を検討しよう。業平伝には『三代実録』の他に有力な典拠としてゐる史料として「古今和歌集序」があるが、それによつた箇所は、

論者以謂業平歌意有余而言不尽、譬諸凋謝之花、雖少生色、尚有余薫、

といふものである。実際の序には、次のやうにみえてゐる。

在原中将之哥。其情有余。其詞不足。如萎花雖少菜色。而有余薫。（後略）

これを比較すると、若干の語句を置き換へたのみで、忠実に序によつてゐるとすることができよう。
このやうにみてくると、業平伝における『三代実録』の記述の省略に関してはその根拠が明確であ

るとは思はれない。それは、「略無才学」の四文字の省略が積極的理由によつたものとはいへないといふことである。むしろ、単なる誤脱といつたほうがよいのかもしれない。ちなみに、『大日本史紀伝撰者考』によれば業平伝は青野源蔵の撰とのことである。

をはりに

以上に述べたところは「歌人伝」の記述のほんの一部にすぎないから、これを以て全般を窺ふことはできないが、『大日本史』といへども細部の不備はまぬがれえないとはいへるであらう。しかしながら、それによつて『大日本史』の価値が減ずるものでないことも言ひ添へておくべきであらう。『大日本史』の最大の特色は紀伝体にみられるのであつて、人物史・精神史たるところにその眼目を見いだすべきであるからである。ただ、水戸藩は義公光圀によつて多くの編纂事業を展開させたが、その中で収集した史料を吟味の上に採用し叙述に生かしていくことは容易なことではなく、細部においてはその担当の史臣の史眼や力量が大きく左右した一例として「歌人伝」（忠見伝や業平伝）をみることができるのではなからうか。

第三章　『土佐日記』研究(1)

――『土佐日記附註』の刊行をめぐつて――

はじめに

『土佐日記附註』は人見卜幽の著述であり、近世早期の土佐日記研究として知られてゐるが、国文学的評価はあまり高くはないやうである。それは、研究の対象とした底本や北村季吟との諸問題も関係してゐるやうに思はれる。そこでまづ、『土佐日記附註』の概要を紹介し、ついで本書をめぐる諸問題やその研究成果を研究史の上で確認考察を試みたいと思ふが、検討に入る前に卜幽に関する基礎的事項を述べておかう。

卜幽は京都の人であり、初め菅玄同に学び、後林羅山の門人となつた。慶長四年の生まれで、寛永十四・五年頃の三十九あるいは四十歳の時水戸藩に仕へたやうであるが、その経緯は詳らかではない。水戸に仕へてからの活動では正保三年の京都における書籍収集が知られるが、光圀の信任の厚い人物であつた。晩年眼を病み、寛文元年致仕し十年没した。時に七十二歳であつた。主な著述に『土佐日記附註』をはじめ、『荘子口義桟航』『五経童子問』『林唐集』『宋朝類苑訓点』等がある。(1)

一　『土佐日記附註』の概要

『土佐日記附註』は上中下三巻からなり、序跋からすると万治四年の刊行のやうであるから、水戸仕官後の成立となる。跋文には「六タヒ寒暑ヲ閲テ今茲註遂ニ成ル」とみえるから、六年前に起稿したことが窺へる。万治四年に卜幽は六十三歳であつた。上巻には「書土佐日記附註簡端」といふ林読耕斎の序（万治四年付）、六条からなる凡例、紀氏系譜、紀貫之官位、紀貫之伝（林道春撰）、新撰和歌序（紀貫之）、大井川行幸和歌序を掲げ、続いて土佐日記本文と註釈のうち十二月二十九日の条までを収めてゐる。都合三十丁となる。中巻には元日から三十日の条までの四十一丁を収めてゐる。下巻には二月朔日から終末までと自らの跋（末尾に万治四年辛丑二月下澣野道生誌とみえる。道生は卜幽の字）を収め、二十一丁となる。

読耕斎の序は万治四年三月付であるが、読耕斎はこの年三月十二日に沒するのであるからこの序は最期の一文といへるのではあるまいか。読耕斎が光圀と交流があつたことは著名であるが、その死に際して卜幽が派遣されたことは光圀の「祭林彦復文」によつて知られる(2)。

凡例によると、底本としたのは藤原為相の手筆本であつて、その他を用ひて校合し、師羅山に指導協力を仰ぎながら註釈を成し遂げたやうである。底本に関しては次章に詳述するが(3)、和漢の書を引用すること四十九部、儒学者としての博学ぶりは十分に表明してゐるといへよう。巻頭の紀貫之伝や中巻にみえる阿倍仲磨呂伝は羅山の作であり、しかも仲磨呂伝は五丁半にわたつて引用されてゐるのであるから、羅山の協力なしに本書は成立し得なかつたであらう。

ところで、本居宣長は自ら校合した『土左日記抄』の表紙裏に次のやうに書き記してゐるので、参考までに掲げておかう。(4)

土佐日記附註三冊野氏道生作、読耕斎林子彦復父序（万治四年）アリ、紀氏系図、貫之官位、紀貫之伝（林道春撰）、新撰和歌序（貫之）、大井川行幸和歌ノ仮名序等発端ニ載ス、尾ニ野道生自ノ跋（万治四年）アリ、凡例云余適見藤ノ為相卿手筆之本以此為拠、序云得惺窩翁手筆之本又以別本検其同異粗解釈之（云々）凡本文ノ傍異本ヲ附スル者皆是附註本也、（　）は割註

二　『土佐日記附註』成立の問題

さて、本書のみでは全く不明なのであるが、北村季吟の『土佐日記抄』との関係に成立に関する重要な問題が存するのである。この問題の端緒は本居宣長の「玉勝間」四の巻にみえる次の記事によつて窺ふことができる。まづは、後半の部分を掲げよう。

そも〳〵此日記の注は、たゞ季吟の抄のみぞ、世にはしりてひろまりて、この附注と云《フ》物あることをば、しれる人いと〳〵まれ也、今此二つをあはせ見るに、季吟の抄に云る事どもは、から書《ブミ》を引たる事共など、其外も、もはら此附注と異《コト》なることなきは、ひそかに附注をとりて、書る物とこそおぼゆれ、さるに附注のみづからの跋に、万治四年とあるを、季吟抄の終りにも、同く万治四年としるせるは、いよ〳〵心得ぬことぞかし、こはかの道生といひし人の功《イサヲ》の、よにうづもれたることの、いとほしさに、おどろかす也、(5)

この記述によれば、季吟は卜幽の説を盗用したことになる。本居宣長記念館や無窮会に架蔵される宣長の手沢本『土左日記抄』には夥しい書き入れがあり、その中に『土佐日記附註』の抜き書きがみられるから、宣長は両書を比較考察の上の結論であることが知られるのである。確かに記述の通り『土左日記抄』も『土佐日記附註』も万治四年の日付が記されてゐるのである。すなはち『抄』には万治四年二月十六日、『附註』には万治四年辛丑二月下澣とみえるのである。若干『附註』の方が後といふことができようが、同年月といつて差し支へはあるまい。

この宣長の説に対して反論を加へたのは岸本由豆流であつた。由豆流は文政二年（序の日付）に刊行した『土佐日記考證』に次のやうに述べたのである。やや長いけれども煩をいとはず引いてみよう。(6)

土佐日記抄ハ北村季吟法印の注釈にして、なべて世に土佐日記としいへば、まづこの抄を見ることゝハなりぬ、さて本居宣長云、そも〳〵この日記の注は、たゞ季吟の抄のミ世にはしりてひろまりて附注といふものあることをバしれる人いと〳〵まれなり、今この二つをあハせ見るに、季吟の抄にいへることゞもから書をひきたることなど、その外もハらこの附注とことなる事なきハ、ひそかに附注をとりてかけるものとこそおほゆれといはれしハ、よくも見ざるひがことなりけり、そはこゝにあげたる證を見ても思ふべし、正月七日の条青馬の事をいへる所に、附註には延喜式をひきたるを抄には公事根源をのミひけり、同日はらつゞミをうちてといふ所に、附註には荘子をそのまゝひきたるを抄にはおなじ、荘子ハひきたれどひける所の文いたく本書にたがへるハあらぬ、書よりとりてひきたるなるべし、同十四日海神の事をいへる条に附註には准南子・文選・書紀などをひけるを、抄にハ太平記をのミひけり、同廿日夕をのぞめバ都とほしといふ条に、附註にハ晋書をひきたるを、抄には幼童伝とのミひけり、まこと季吟法印のひそかに附註をとれりとならバ、附註よりまされることハありぬべし、附註におよばざることはあるべからず、さるを上にあげたるごと抄のかたハ、附註よりも書籍などの引おくれおほかるは、季吟法印の附註をとらざる證といふべし、

右の本居宣長云以下はすでに引用したやうに「玉勝間」の記述であるが、それを具体例を指摘して

批判したのである。(7) はたして、どちらの主張が正しいのであらうか。

実は、この問題を解明する重要な手掛かりがあつたのである。それは季吟が記してゐた日記である。その日記はわづか半年分にすぎないが、季吟が寄寓してゐた京都の新玉津島神社に保存されてゐたのである。その半年分は寛文元年（この年季吟は三十八歳）七月から年末までであるが、その中に関連の条は含まれてゐた。佐佐木信綱博士によつて該当する十月十一日の条を二段に区切つて掲げることとしよう。(8)

○十一日（十月）夜、由敬慈仙来て閑話、夜更けぬ。由敬云、此頃於江戸卜祐土佐日記の抄作りて、春斎に序かかせたりし、板行せむとて見せたりしに、所々もれたる事おほし。就中山崎の相応寺の事不知よしなりければ、さいつころ予が海松を見せたりしに、其中にありし事をおぼえていひやりつ。其外あまた所、その海松の中よりいひやりにけりと云々。卜祐は儒なり。いかでか歌書を知らむ。道春が博学なりしも、野槌、歌書の書は多くあやまりにけり。まして其の以下をや。海松の中より書き出でて、したりがほに板行しつらん所々を見るたびにこそ、かたはらいたからめといとをかしかりき。

○子孫に伝へて堅く秘すべき事を、心得ぬ人に見すべからず。由敬は、野子休太郎物よみの師なり。何の隠すべき事かはと思へば、海松に限らず、源語秘訣をも見せにけり。かく人に語りてかろ〴〵しくせられん事とは、ゆめ思ひきこえざりけれども、卜祐は又かの人の師なりければ、其師のあやまりあらむ事を、板行せん折にあはせては、予が信を失はれんも又ことはりなきにしあらず。されば、由敬に恨むることはりは予にあらで、ただ予のかろ〴〵しく此人に許したりしあやまりを千悔するものなり。必ず家に秘すべき事は、みだりに人に見せ語るべからず。その本屋は鯉山の町小島弥衛門なり。已に板行して後、海松の所々をもてあやまちをただす事によりて、七八十日延引せり。これ板をほりかへたる故にとなり。

要するに、由敬によつて卜幽へ季吟の説が知らされ、その説が採られたことに季吟は憤慨してゐる訳である。この記事によれば宣長の主張はあとかたもなく崩れ、由豆流の説くところが正しいといふことになるのであるが、このやうな状況を如何に考へればよいのであらうか。

三　研究史の回顧

それでは次に、この問題に関する近年の研究史をたどることによつて問題点を整理してみたいと思ふ。管見に及んでゐる諸研究を年代順に掲げてみると左のやうになる。

1野村貴次氏『東大附属論集』一所載「『土左日記抄』成立に関する疑問」(昭和三十年二月)
2宇佐美喜三八氏『語文』(大阪大学)第二十集所載「季吟日記を中心とする一つの問題」(昭和

三十三年六月）

3野村貴次氏『中央大学文学部紀要』通巻三十二号（文学科第十五号）所載「『土佐日記附註』の刊行と『土左日記抄』」（昭和三十八年十一月）

4野村貴次氏『国語と国文学』昭和四十三年十月号所載「『土左日記抄』の書誌的考察」

5野中春水氏編『季吟土左日記抄』（昭和四十七年五月）

6大杉光生氏編『宣長校合土左日記抄・本居宣長記念館蔵』（平成元年四月）

このうち、6はこの問題に関する限り研究史に言及してゐるのみであるから、除外してよいと思はれるので、野村氏・宇佐美氏・野中氏の各論点を比較してみよう。

野村氏は、1において季吟日記の関連の条や宣長及び由豆流を引用して、由豆流の弁解を批判しつつ、『抄』下巻三十四丁の枠の切れ目に注目して「版本の挿替へを行つた結果と考へられる」と注目すべき見解を示され、

かく考へて来ると七月十六日に始めて土佐日記の註に筆を執つた時「是下心ありて也」といふ下心といふのは卜幽に対抗する為ではなかつたかと思はれるし、更に臆測を逞しくするならば七月七日の奥村退歩との会談が動機となつてゐるのではなからうか。この頃には既に「附註」は板行されてゐた筈であるから、季吟は見てゐると思はれるので、「抄」と「附註」の註が類似して箇所があるのは、単に偶然の一致とのみは言へず、又由豆流の弁解も当らぬとすれば、季吟には

甚だ気の毒なことであるが、宣長の言葉が真相を衝いてゐるのではなからうか。更に又、上皇の奏覧に供したことを、歌道の冥加、「我門の面目何事か是にしかん」と光栄に感じてゐながら「伊勢物語拾穂抄」の如く上皇奏覧の由の令首元の奥書を載せなかつたのは、奏上の日が明らかであり、もしそれを載せると奥付の日付と一致しなくなる為わざと記載しなかつたのであらう。とその詳細を述べられてゐる。ついで、その見解は3・4に発展するのであるが、3は宇佐美氏の2に対する批判でもあるから先に2の要点を紹介しておかう。

2の基本的立場は宣長説に対する批判である。まづ、季吟日記を引用して刊行本の年月の矛盾を指摘される。すなはち、刊行は日記からすれば寛文二年一月以後のはずであるにもかかはらず、刊行本には「寛文元年八月吉日」とみえることであるが、この理由について「かうした年月日の変改は、恐らく何らかの理由なり目的なりがあつて、計画的になされたものに相違ないと思はれる。」とされる。そして、由豆流説を引用評価して「後世『土佐日記附註』を解説するのに宣長の説を引く人が、右の由豆流の説を無視してゐるのは公正でなく、片手落ちといはなければならないであらう。」と述べられ、富士谷御杖の説（この説については後節に改めて言及する）を引いて次のやうに結論される。

まことに御杖の論ずる通りである。季吟の説をひそかにとり入れ訂正を加へたために、『附註』の刊行の後れたことは、前引の記事にあつた通りであるが、その書は万治四年二月の自跋を附して刊行せられてゐる。季吟の憤りは深かつたに違ひない。季吟が寛文元年の年末に板本『土佐《ママ》日記抄』の原稿を書いてゐるにかかはらず、なにゆゑその刊本に万治四年二月十六日の成立であると記し、また刊行をその八月吉日としたか、その問題は右の事情によつて察知することができると考へる。成立刊行の年月日をそのやうに記すことによつて、季吟は『土左日記抄』が断じて『土佐日記附註』の説をとつてゐないといふ事実を明らかに示さうとしたのであらう。

3は2の宇佐美氏とはまつたく反対の立場である。野村氏も宣長・季吟・御杖等を引用しつつ論旨を展開されるのであるが、以下にその詳細をみてみよう。

まづ、宣長説に関しては、

確かに両書の註解の引用文には、後で挙げる一致するものがあるが、だからといつて宣長のやうに直ちに、季吟が「ひそかに附註を」とつたことになるのであらうか。卜幽が儒学者でその道のことは詳しく、歌学者の季吟が知らないといふことは、二人の夫々の個人的な学識にのみ視点を向けた場合は当然であらうが、卜幽は羅山らの指導を受けて述作してゐるので述作してゐるのであるし、季吟にしても決して独創的な註解をしてゐるのではなく、寧ろ貞徳の師伝による部分が多いのであるから、二書に見える註解の引用文が同一であるからとて、直ちに一方が他方を剽窃したとは断言できない筈である。或は何処のどの個所の説明には、何を引用するといふやうなことが、既に研究され出した以前から定まつてゐて、両者ともに夫々の師から聴講した侭を掲げたに過ぎないのかも知れないのである。（傍線部は梶山、誤植であらう。）

と述べ、由豆流説については、

要するに彼の結論は両書が偶然に時を同じくして刊行されたもので、相互に影響はないといふ立場で、季吟への弁護は宣長説に対してなされたもので、それがなければ『考証』の著述に当つてもさきに引用したやうな記事は書くことがなかつた筈である。但し、彼が『季吟日記』を見てゐたら如何であらうか、「この日記の註釈どもいとおほかるがなかに世にあまねくもてあつかふは季吟の抄のミなん有ける」と『抄』を高くかつてゐた彼のことであるから、宣長の説の有無にかかはらず季吟の弁を支持したことであらう。

と分析される。また、御杖説を引用した後に、

近世の有数な学者の説は一対二となつて、卜幽にとつては聊か不利な情勢にあるが、果して事実は如何なのであらうか。

と再度反問しつつ、諸氏の見解の一致は附註の方が抄よりも先に刊行されたといふ事実であり、卜幽に不利な情勢であるといふことを述べ、「忩瀌」の理由について疑義を出されてゐる。そして、近世の出版状況を探りながら、刊行の事情として季吟日記によつて次のやうに推察される。

然しどんなに急いでも既に刊行されてゐた『附註』を追ひ越すことはできない。そこに成立刊行の年時改変といふ問題が起きて来るが季吟は単にさうした印刷技術の小細工だけでは満足しなかつた。歌学者北村季吟の著はした『土左日記』を更に権威あるものにし、これこそ註釈の正当

なものであることを世間に認めさせたいと考へた。即ち、庶民歌学者の最も有難がつてゐた雲の上への献上である。出板は遅れても何とかなる。それよりも帝の奏覧を得ることが先決と考へたのであらう、閏八月の上旬に成稿したものを自筆で記しこれの献上を依頼し、十月十九日に目的を達したのである（日記引用等一部中略）

権門をこよなく尊んだ季吟にとつては誠に残念なことであつたらうが、書けば刊記の繰り上げができなくなる。悩んだらうと思はれるが、公刊する書物で対抗するとなればこれを採らざるを得ず、成立・刊記の変更を以て世間の目を欺かうとしたのである。

これ程の無理と苦心を何故せねばならなかつたか。季吟と卜幽は決して仇敵の仲ではなかつた筈である。筆者（梶山註、野村氏自身）の浅はかな推測ではあるが、それはこの期に於いて明確になつてゐた専門家としての自負、儒者に対する歌学者としての過剰意識に起因するものではなからうか。

4では『土左日記抄』の初刻本・訂正本・再訂本を書誌学的な面から比較考察してゐるが、その推敲訂正の後を辿つて七個所を指摘された。結論の部分のみを掲げると、

初刻本を出してから短時日の間に二度の改訂をなしたことは、季吟としては為さずには居れぬ強い理由があつたことだけは否めない。

とし、

日記に書かれてゐる卜幽に対する忿懣は、儒者に歌書の註釈書を先んじられた焦りが卜幽の剽窃と言ふ表現になつたものであり、事実とは全く逆の記述であることが確認されたのである。（中略）『附註』と『抄』の問題は当代に於けるその現はれの一つと見るべきであつて、遅れをとつた季吟が歌学者の名誉にかけて『抄』の述作を急ぎ、更に上梓後書肆に強ひて入木・改板をなさしめたのが、前述の如き異同となつたと思はれるのである。

と述べられてゐる。このやうにみてくると、野村氏の論旨はだんだん精緻になつてきた感じである。5は季吟日記の関連記事全文を掲げながら研究史を顧みるのであるが、とりわけ野村氏の研究（4からの引用）に多く言及してゐる。4が土佐日記一月十六日の条に関して附註と抄を比較した結論として「学問に忠実であらうとする気持もさることながら、少しでも『附註』から離れようとして、両訂本の如く改めたのではなからうか。」と述べられたことについては、

この一箇所のみの改訂によって、そうした効果は殆どあがらないと考える。換言するならば、附註を意識しての改刻ではあるまい。

と批判されてゐる。また、由豆流の説について、

由豆流はもしも季吟が附註を剽窃したならば季吟抄の方が附註より古典引用がすぐれている筈である。ところが附註より劣っているので、季吟が附註をとらなかった証拠であるといっているのだが、事実は右のように季吟抄の方が古典引用が豊かなのである。然し、だからといって、季

吟が附註説を摂取したという根拠にはならない。附註の説がすべて季吟抄に包含されているものでもないし、これは後述のように、それぞれ独自のものと考えられる。

とし、季吟日記十月十一日の記事（二節に引用した前段）、すなはち山崎の相応寺の条にふれて、

かりにまた、宣長説のように季吟が起稿にあたって附註を参看して書いたとするならば、この所も当然季吟は見ている筈である。事実に反することをこのように表現していることは、所詮素直に考えるならば季吟は附註を見ていないとするのが自然であろう。

と述べられる。さらにまた、

ところで、季吟説を附註が参看したという具体的な箇所が見当らないし、他の資料による実証もない。かつ又、野村氏も指摘されているように、事実附註には版木を改めたと推定される箇所も見つからない。一方、季吟が附註説を盗用したという根拠も明確には浮かんでこない。その根源となった宣長の推量説も両書の内容に深く立ち入って根拠づけたものとも思われない。又、野村氏の季吟抄の改刻本による考察も直ちに季吟の剽窃説を確定づける域には今なお距離があるようである。

とし、「それぞれ独自の立場でその筆を執ったものであると考えたい。」と結論されるのである。

四　富士谷御杖『土佐日記燈』について

以上みてきたやうに、近年の研究では季吟日記の記述によつて『抄』の刊記を疑ふことが一般的となつてゐるが、この日記は江戸時代にすでに知られてゐたのである。すなはち、富士谷御杖によつて写され、この問題を解く重要な手掛かりとして活用されてゐたのである。該当の箇所を全集の陰影本によつて掲げてみよう。(9) この箇所は本書冒頭に収められた文化十三年稿の「大旨」の部分に含まれてをり、長谷川菅麿所蔵本について説明した割註である。

此日記を注せるもの北村季吟翁か抄、野道生か附注、宇万伎か抄のたくひなほあるへし。季吟か親書の寛文元年七月より十二月にいたるまての日記の新玉出島社司の家につたはれるを見しに、十月十一日の下に「十一日よる由敬慈仙来て閑談夜更けぬ（中略、梶山）これ板行ほりかへたる故にと也、とあり。此海松とハ季吟翁か抄のもとの名なるをおもふよしありて土佐日記抄とせられしよし、同し記八月廿五日の下に見えたり。これハ同し記十月十九日の下に「十九日周令首元来云今朝土左日記抄を　仙院の御前に捧奉る御感の御けしきなりし云々、即其よしを奥書にすへしと云々、哥道の冥加なるへし。我家門の面目何事かこれにしかん云々と見ゆ。このよしによりて海松といふ名をはゝかられたりとおほし。しかるに伊勢人本居宣長か随筆玉かつまといふ物に附註と季吟翁か抄との事をあけて、野道生か引たりしからふミともの引證をハ季吟かとりておのか抄に引たるなるへし。しかるに、かの抄ハよに行はれ附註ハよにすたりてしるものすくなしとて、野道生をいたくいとをしミおかれたり。まことにしかりやそこハしらねと、季吟ぬしおのか説ともをとれりとてふかくいきとほられたるハ親書の日記なり。附註の引證をとれりといふハ宣長か推量なり。しるしあるとなきとハいつれをか信すへからん。よにいふかひなき人ハ、おのか非をおほはむために人の非をあくるたくひもすくなからねハ、季吟翁もそのたぐひにやともおもへと、かの日記の語とも意気詞にあらはれ、なほその板行せし書肆か名をさへしるされたるハ、巧言ともおほえぬことなり。なほおもふに季吟翁ふつにからふミに疎き人にあらす。附註に御国言をとけるにくらふれハ、野道生か国学ハまされりとも見えすかし。これハひとへに宣長かみたりにいはれたる事なから、さはかり近世の大家なれハ、人必かの玉かつまの説を信すへしとて、季吟翁か幽魂をなくさめおくなり。

この記事から知られることを摘記してみると、
ア、季吟日記は御杖が見た時、すでに半年分しか伝はつてゐなかつたこと
イ、宣長説を日記によつて批判し、季吟に同情を寄せてゐること
となるであらうが、要するに御杖は季吟日記をそのまま信用した訳である。末尾に「野道生か国学」とみえてゐるので、卜幽の土佐日記研究を国学と位置付けてゐることも興味深い。いづれにしても、研究史の中では御杖によつて参考とされたことが知られるのであるが、日記は由豆流説と同様に季吟

を弁護する史料になつたのである。

そこで、これまでの研究を分類してみると次のやうにならうか。

一、季吟が卜幽の説を盗用したと解釈する説・・・宣長、野村氏

二、卜幽が季吟の説を盗用したと解釈する説・・・宇佐美氏

三、両者が独立に説をなしたと解釈する説・・・野中氏

由豆流と御杖は直接に盗用説ではなく宣長説の否定がその主張であるから、三に含めてよいかもしれない。また、野村氏も3・4では必ずしも盗用説ではなく日記の記述に対する疑問の判断であるから、三に近いとすることができよう。日記を紹介された佐佐木博士は、書きぶりからして季吟へは同情的と判断される。

五　『土佐日記附註』の研究史上の位置

次に、『土佐日記附註』の研究史における意義を考察してみよう。参考とさせて戴くのはまづ、大杉氏の研究（三節に掲げた6）である。大杉氏の研究は本居宣長によつて校合された季吟の『土左日記抄』であるが、その中の『附註』との比較に関する部分から借用しよう。宣長による墨の校合は全部で三九三箇所（その他朱の校合もある）みられるが、そのうち三六〇箇所が『附註』と一致するところから『附註』からの校合と判断され、また頭註一二四箇所のうち、『附註』からのそれは一一三

箇所が該当するといふ。さらに興味深い比較は、頭註の中で『附註』と『抄』とが同じ出典を引用しながらもその内容に差がみられることを指摘されたことである。例へば、『附註』が、

続日本紀孝謙天皇天平宝字二年冬十月甲子勅云頃年国司交替皆以四年為限（下略）

とするところを、『抄』の本文では、

任限の事孝謙天皇天平宝字二年に任限六年とし給へるよし続日本紀にみえたり

となつてをり、明らかに『附註』の方が詳細なのである。その他、大杉氏はいくつかの例を示され、『抄』が「必要な部分のみを引用している」との傾向に言及し、これらから宣長の校合の態度について次のやうな結論を導き出されてゐる。

以上のごとく、「抄」と同一の出典による「附註」の注解を頭部に書入れることによって、「抄」の、原典を翻訳あるいは要約し、また、原文の一部を省略したりする、やや主観的な引用の仕方に対し、原典・原文をできるだけ完全な形で忠実に引用しようとする客観的で公正な注釈態度という両者の違ひを対照させて、「附註」の注解が持つこうした資料的価値を、「抄」の注解に付加しようとする意図がうかがえるのである。

このやうにみてくると、宣長の校合における『附註』の役割が極めて大きいことが知られるとともに、卜幽の注釈態度がより史学的であることも理解されるのである。

続いて、萩谷朴氏の研究（『土佐日記全注釈』）から一例を引いてみよう。[10] 十二月二十七日にみえる

「さをさせどそこひもしらぬわたつみのふかきこころをきみにみるかな」の歌に関して、萩谷氏は、

「さをさせど」の歌が、李白の詩の拠った句題和歌であることは、卜幽の『附註』季吟『抄』以来の定説となっており、その下二句「桃花潭水深千尺、不及汪倫送我情」がその本文である。

と述べられてゐる。そこで両書を確認してみると、『附註』には、

此うた李白が汪倫におくる詩の桃花潭水深千尺、不及汪倫送我情と云に、かなへり

とあり、『抄』には、

李白が汪倫にあたふる詩ニ桃花潭水深千尺、不及汪倫送我情よくかなへり

とみえてゐるのであるが、『抄』の方は由豆流も頭註に掲げてゐる。両書はほとんど同文であるが、これによつて『附註』の指摘の一端は研究史の中に組み込まれてゐるといへよう。

をはりに

人見卜幽の『土佐日記附註』は水戸学派における国文学研究の嚆矢である。本章は単に『附註』をめぐる研究史の一端に言及したにすぎないけれども、以上によつて知られることをまとめてみると、次のやうになるであらう。

一、季吟の『抄』との関係については、今のところどちらとも判断がつきかねるが、野中氏のやうに考へるべきかもしれない。ただ、両者とも必ずしも自らの力によつてのみ注釈を成し遂げたのではは

なく、それぞれの師承するところがあつてのことであらうから、その点類似の注釈があつても不思議ではないと思はれる。

二、卜幽が水戸学派の史学的潮流の中にある限り、注釈の態度が季吟と比較してより史学的であるのは当然といへようが、それはまた史学によつて国文学的研究を推し進めたといふことでもあらう。

三、国文学的観点よりすれば、今日必ずしも十分な注釈とはいへないであらうが、近世における土佐日記研究の嚆矢であり、研究史的意義を認めることは可能であらう。しかも、水戸藩初期における国文学研究として―『扶桑拾葉集』への土佐日記収載に繋がり、後期の国文学研究の端緒としての―位置づけられるのではあるまいか。(11)

註

(1) 松本純郎氏『水戸学の源流』所収「人見卜幽の生涯と思想」による。

(2) 『水戸義公全集』所収「常山文集」及び『水戸史学』第三十号所載大森林造氏「義公と読耕斎林靖」参照。

(3) 池田亀鑑博士『古典の批判的処置に関する研究』第一部に言及がみられる。次章参照。

(4) 本居宣長記念館及び無窮会所蔵写本

(5) この部分の大体は『群書一覧』にも引かれてゐる。

(6) 筆者（梶山）所蔵木版本による。

(7) 由豆流が指摘した例は必ずしも適切とはいひがたいが、ここでは問題としない（野中氏、三節の5参照）。
(8) 『国文学の文献学的研究』所収「北村季吟日記」（昭和十年刊行）
(9) 『新編富士谷御杖全集』第八巻所収による。
(10) 村田春海をはじめとして、また近年における多くの注釈書が少なからずト幽の研究にふれてゐる。春海の言及については次章参照。
(11) 徳川光圀や吉田活堂にも土佐日記に関する言及がある。第五章参照。

第四章　『土佐日記』研究(2)

——『土佐日記附註』と『扶桑拾葉集』所収本の底本について——

はじめに

『土佐日記附註』の刊行をめぐる諸問題については前章に少しく述べたのであるが、本章では土佐日記本文について言及し、さらに『扶桑拾葉集』所収の土佐日記との関係についても考へてみたいと思ふ。先に、結論的なことを述べておけば『附註』と『拾葉集』所収本との底本は異なるのである。『附註』の著者人見卜幽は義公光圀の厚い信任を得た初期の水戸藩を代表する人物である。それほどの人物の著書であるにもかかわらず『拾葉集』の編纂に当たつてはより一層の善本を求め、その結果『附註』本を採用しなかつたのである。ここに、水戸学派の厳密な校訂の手段といふか、方法といふか、さういふ史学的学識を窺ふことができるやうに思はれる。以下には、『土佐日記附註』と『扶桑拾葉集』所収本の底本について先学の研究によりながら若干の考察を試みてみたいと思ふ。

一　『土佐日記』本文の系統

今日、現存の土佐日記本文は五系統に分類されるようである。例へば、岩波の古典文学大系では、

1藤原定家自筆本

2藤原為家自筆本系統本（為家は定家の子）

3松木宗綱自筆本系統本

4三条西実隆自筆本系統本

5藤原為相本系統本（為相は為家の子）

としてゐるが、小学館の日本古典文学全集では5を略いて四系統を解説してゐる。この四ないし五系統では1以外あくまでもその系統本であつて自筆本が現存してゐる訳ではなく、書写年代もかなり下る。1の定家本は彼が文暦二年（一二三五）五月十二日から十三日にかけて貫之自筆本から写したものである。それまで、貫之自筆本は蓮華王院宝蔵に存在したらしく定家はそれから書写したのであるが、池田亀鑑博士の研究によつて土佐日記本文はこの定家自筆本よりも2系統の青谿書屋本（所有者大島雅太郎氏の文庫名青谿書屋に由来する）がもつとも貫之自筆本の様を伝へてゐると考へられてゐる。それは為家も貫之自筆本から筆写してをり、その為家本からの書写である青谿書屋本は定家本よりも貫之自筆本の性格を忠実に模写してゐると判断されるからである。詳細は池田博士の研究を参照されたいが、現存写本の関係図を掲げてみると次のやうになる（池田博士『古典の批判的処置に関する研究』第一部五二ページによる。ただし記号は省略）。

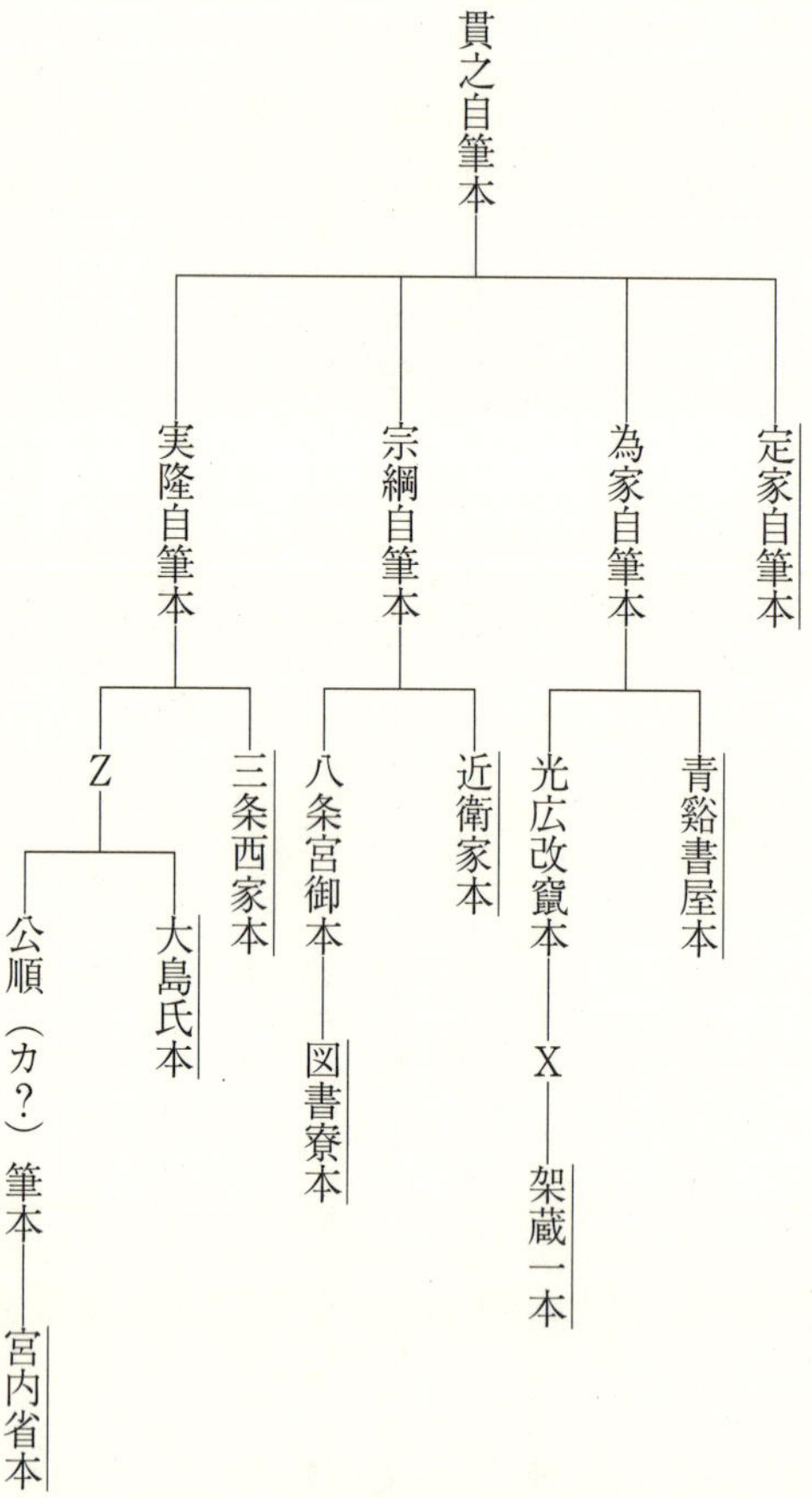

傍線の写本が現存のものであるが、古典文学大系でいふ5は為家自筆本系統の属する。後述するが、『附註』底本は光広改竄本系統のものであり、『扶桑拾葉集』所収本は定家自筆本系統に属するものである。

二　『土佐日記附註』の底本について

『附註』本文については、まづ凡例の次の二条に注目すべきであらう。

一、土左日記朱雀院承平年中貫之記之至今凡七百年也。其間伝写者惟多。故諸本字異矣。余適々見藤為相卿手筆之本以此為拠。

一、註内云惺斎（又云惺窩）先生者世所謂北肉山人藤歛夫也。或人蔵其手筆之本。余借之以為附註之便。

これによれば、為相本を底本としたことが知られるが、池田亀鑑博士によれば信用できないといふ。為相本は「光広が為家自筆本の本文を底本とし、これに対して縦横に加筆して改竄を加へ」たものであり「全体としては信用し難きものである」とされる。そして、

この本の成立事情は早くから忘れられ卜幽の土佐日記附註に、為相自筆本として底本に採用せられてから、後世の註釈家の多くが、無批判のままでこの本文を採用するに至り、ここに土佐日記伝承史上拾収することの出来ない混乱錯綜が生ずるに至つたのである。

（前掲書一三二～一三三ページ）

とも述べられてゐる。「後世の註釈家」といふのは例へば岸本由豆流を指すが、奇しくも卜幽を批判した由豆流はその底本は同系統のものであつたのである。本文研究の上からは「殆ど参考になるものではない」のではあらうけれども、「混乱錯綜」の原因を卜幽一人に帰することはできないであらう。それは、村田春海の『織錦舎随筆』に「土佐日記の異本」といふ次のやうな一文がみえ、卜幽説に賛

成してゐるからである（括弧内は割註）。

野道生といふ人の土佐日記附註といふものあり。道生は（今見えず。凡例に、疑しき事は羅山先生にとひてしるすといへり。又その跋の末に万治四年二月としるせり。）其本に、廿四日新司馬のはなむけしるとあり。此新司を諸本皆講師とあり。されどこの本の新司のかたまさりぬべし。新司とは信任の国の官をさしていふなれば、こゝによくかなひたり。附注の凡例に、為相卿か、れたる本をもて標とすといへれば、為相卿の本にかくありしにや。

池田博士は、前掲書第十一章に「土佐日記附註の本文の成立」といふ節を設けて詳細な検討を加へられてゐるので、その概要をみておかう。

まづ、A根幹諸本の異文統合表の項目に「為」の見える場合（「為」が異文を有し、それに附註の本文が一致せざる場合。）についてであるが、次の三つの場合を想定される。イ「附註本が為（為相本）と一致せず青（青谿書屋本）と一致する場合」を検討し、その結果「附註本の成立には、或ひは他本の混合が認められるといふやうな事実はあるとしても、その直接の書本は、現存の為相談（架蔵本）ではなく、それよりも更に青本に近い形を保有してゐる光広本系統の一本であつたと考へねばならない。」と述べ、「今日、附註本を通してかうした意味に於ける附註本の源流本の形態を推定することは、たとひ部分的には可能の場合があるにせよ、全体的には不可能ではないかと思はれる。何となれば、混成によつて正常な形式が破壊せられてゐるからである。」とも考察されてゐる。続いて、ロ

「附註本が「為」と一致せざる独自異文を有する場合」を検討し、「純粋な独自異文とはいひ難」いと結論されてゐる。ハ「附註本が「為」と一致せず他の諸本の異文と一致する場合」では、「妙寿院本系統第三類が参加してゐると考へられる」との見解を得られてゐる。

次に、B根幹諸本異文統合表の項目に「為」の見えざる場合。即ち「為」が異文を保有せざる場合について検討される。その結果、

附註本の異文は、右の二十五箇所に於て他本のそれと一致するが、その他本の異文なるものは、Aの場合と同様に、妙寿院本系統第三類の異文と性質を同じくするのである。従つて、附註本の成立に当つては、為相本系統の一本に、妙寿院本系統第三類が混合したものと考へられる。

との結論を得て、その系統を次のやうに図示されてゐる（五五二ページ）。

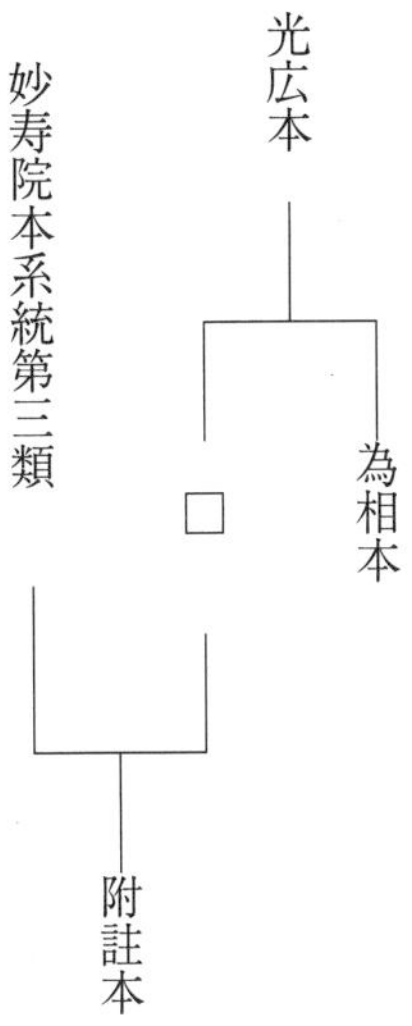

このやうな池田博士の研究によつて、卜幽が『附註』では為相本を使用したといふにも拘らず実際は為相本そのものではなくその系統本であつたことが明らかにされたのである。

三　『扶桑拾葉集』所収本の底本について

『扶桑拾葉集』所収本には底本に関する記述は何もみえない。『附註』本と比較すると明らかに異なる系統である。岩波文庫本に付けられてゐる校異によつて丹念に比較してみると、定家本らしいことが推察される。そこで、池田博士の研究によつて再確認してみることにしたいと思ふ。博士の前掲書には「定家自筆本とその系統」といふ章（第七章二八八ページ以下）が設けられ、彰考館本が二部紹介され、さらに「扶桑拾葉集本」に言及され、

この本文は彰考館文庫蔵本即ち「彰」を底本とし、流布印本をもつて所々比校したものである。流布印本の校合異文は「イ」としてあらはし、合計二百箇所に及んでゐる。

と報告されてゐる。「彰考館本」（略号彰）については、

御物本や宮家御本のやうに胡蝶装ではなく、袋綴であるが、形は同じやうな舛形である。怪の字の虫損は御物本等と同様であるが、朱印の箇所は貼紙ではない。筆者及び伝来に関する奥書はない。この本は次にあげる今一本の奥書によつて、或ひは日野弘資所持の本そのものではなからうかとも思はれる。

と説明し、つづいてもう一本（略号考）にふれられてゐる。その奥書には、

延宝戊午歳以日野弘資卿家蔵本写之　洛陽新謄本

とみえてゐるが、私（梶山）がマイクロフイルム版で確認したところ、この奥書を有するものが二本あり、いづれが該当するのか定かではない。しかしながら、池田博士の推察の通り、日野本が『拾葉集』本の底本と考へて差し支へないであらう。『拾葉集』本をめぐる系譜は次のやうになる（前掲書二九八ページから関係部分のみ摘出）。

定家自筆本
├日野弘資本――考
└彰――扶

その後、自筆本系統の比較検討の結果、

彰→日野弘資本→考

と考へることが可能であり、また

彰（日野弘資本）――考

とみることもできるのであり、「彰」は日野弘資本そのものではないかとの結論を得られてゐる（前掲書三一八ページ）。

をはりに

今日、『附註』本と『拾葉集』本の底本系統は池田博士の詳細な研究によつて明らかにされてゐるといへるが、本章における関心は底本そのものではなく、底本が異なるといふ厳然たる事実に対してである。すなはち、『拾葉集』への収録にあたつては卜幽の研究成果ではなく、さらに一層研究を進めて日野弘資本を探索したといふことである。『拾葉集』本の方がより善本であることは学界の定説であるから（為家自筆本系統の青谿書屋本が最良本であることはいふまでもない）、この点に彰考館史学の確かな力量を確認することができる。今、『拾葉集』の諸書収録の状況を明らかにすることはできないけれども、刊行年からして『附註』本を参考とすることはできたはずであるから、『附註』本に拘泥しなかつたといふことになる。そこにも、私は彰考館の校訂にかけた学問的情熱をみることができるのではないかと思ふし、それはまた、『拾葉集』本が『群書類従』本に参照されたことにも窺へるのではなからうか。

第五章　『土佐日記』研究⑶

——その本文と作者紀貫之への関心——

はじめに

これまでに人見卜幽の『土佐日記附註』と『扶桑拾葉集』所収本について言及してきたが、本章では土佐日記本文と紀貫之への関心についてふれてみたいと思ふ。まづ、徳川光圀と吉田活堂の関心について紹介し、次に『大日本史』歌人伝中の紀貫之伝について若干の考察を試みることにしたい。

一　徳川光圀と吉田活堂の関心

古典に深い関心を寄せた徳川光圀が土佐日記に関心を抱かないはずはないと思はれるが、その具体例を見い出すことは困難である。いふまでもなく、土佐日記は『扶桑拾葉集』に収載されたのであるから関心があつたことは明らかであるが（その他関連では、古今集序・蟻通の神に奉る和歌序・大井川行幸和歌序が収録されてゐる）、本文に関するものではただ一例が管見に及ぶのみである。それは『常山詠草』巻之三に収める「宴夏雪亭詩歌序」といふ一文であつて、シナの故事を全体に折り込みつつ我が国の古典をふまへて春の様子を美しく叙述した若き日の作（正保四年、二十歳）である。その後半に「一文字をたにしらぬものしか足は十文字にふみて」と記されたのは、土佐日記十二月二十四日の条に、

廿四日　講師、むまのはなむけしにいでませり。ありとあるかみしも、わらはまでゑひしれて、一文字をだにしらぬものしが、あしは十文字にふみてぞあそぶ。

とみえるのをふまへてのことと思はれる。

国学者として知られる吉田活堂には「伊勢物語作者論」「ふみかく事」『声文私言』『歴代和歌勅撰考』等の文章や著述に関係の記述が見い出せるので紹介しておきたいと思ふ。

まづ、「伊勢物語作者論」ではその後半に、

業平の事を仮字《カナ》をもてしるしたるは、古今集貫之の筆をはじめといふべし。其故なぞといはゞ、土佐日記にも業平の朝臣の惟喬のみこの御ともに、渚院にて歌よめる事をかき、又安倍仲麻呂のあまの原ふりさけ見ればの歌を、土佐日記に其よめりけん時のさまをくはしくかき、

とみえ、「ふみかく事」は『安都麻虚東』巻頭の一文であるが、その冒頭に、

仮字の文はいかにも皇国の言をなだらかにおもしろくいひ続る事にて、ひとつもからめきてハかくべからずなむ、まづかなのふミのおやは、貫之古今序、大井河行幸の序、土佐日記など、世にはしめたる仮字文のおやなるべし、

と記してゐる。『声文私言』でも同様に、

仮字の文章はいつごろいできたりとも知られず。（中略）今見に伝れる物にてハ貫之が大井川行幸序ぞ、ひらがなの文章のはじめ也ける。

と繰り返し述べてゐる。

『歴代和歌勅撰考』では古今集の考察でも言及がみられるが、ここでは巻六から引いてみよう。巻六は和歌史上の紀貫之を論じてゐるが、まづ「和歌師資」に「かれその人をば人丸、赤人といひて、家持のぬしなどもはやくたふとびいやまひ、紀の貫之にいたりて」と述べ、「師伝奥儀秘事」には、

歌の上にとりて、まねびの父の伝へごとひめ事などいふことはしも、基俊より俊成に伝へ、俊成より定家にさづけたりといへり。其事を猶たふときものにして、人にもうべなはせんとてハ、基成ハ紀貫之が伝へをえたりといひ、またいよくそのことを深くせんとては、かの貫之ハ宇佐の宮に祈て、夢にさづかりたる事ありといひなすめり。

と記し、「勅撰盛知衰運」では紀貫之が古今集を選んだことにふれたり、さらに次のやうな箇所もみられる。

延喜、天暦の古今、後撰のさかりなりしとハ、いたくそのおもぶき異にして、貫之が万のまつりごとをきこしめすいとま、もろ〳〵のことをすて給はぬあまりに、古の事をもわすれじ、ふりにしことをもおこし給ふとて、といへるとハたがひて、まことにはかなしくせんかたなげの御しわ

ざとや申奉るべからん。

ここには古今集の仮名序からの引用がみえるが、活堂の言及もけつして多い訳ではない。しかし、紀貫之への関心は十分に窺ふことができよう（活堂と交遊があつた福田宜賢の『献納書籍目録』に「土佐日記」の書名が記されてゐることも水戸学派の関心の一端であらう）。

二 『大日本史』の紀貫之伝について

次に、『大日本史』の紀貫之伝を検討してみよう。歌人伝が紀貫之を重視してゐるのはそのはじめに古今集序を引いてゐるところから明かであるが、ここでは伝記の部分が今日どのやうな評価を受けてゐるかを考へてみることにしたい。まづ、該当する冒頭の箇所を掲げよう。

紀貫之、父は望行、蔵人となり、和歌を以て称せられたり。貫之、書を能くし（紀氏系図）、尤も和歌を善くして妙に入りしが（清案鈔・八雲御鈔・詠歌大概）、延喜中、御書所預となり（紀氏系図・古今和歌集序）、越前権少掾・内膳典膳・少内記を歴て、大内記に転じ、従五位下に叙せられ、加賀・美濃の介となり、延長中、大監物・右京亮に拝せられ（歌仙伝）、土佐守となり（○袋草子に、延喜八年の事となせるは、誤なり）、承平中、任満ちて京師に帰る（十訓鈔・袋草子）。天慶中、玄蕃頭となり、従五位上に進み、木工権頭に遷り（歌仙伝）、従四位下に叙せられ（近江日野大嵩社天慶八年梁牌）、九年卒す（歌仙伝・古今和歌集目録）。

村瀬敏夫氏の『紀貫之伝の研究』（四五ページ）によれば、蔵人については、

　その後の望行の官途について山口博氏は、『大日本史』伝部の貫之の項に、「父は望行、蔵人となり、和歌を以て称せらる」とあるによって、蔵人であったとされるのだが（註略）、『大日本史』が何によって、蔵人としたのか、その根拠は明らかでない。山口氏も「蔵人とする記録は他にないが」と断りながらも、「蔵人の補任を広く検索すると、親が蔵人であると子も蔵人、兄が蔵人であると弟も蔵人という例が多い」と説かれる。尊卑分脈本「紀氏系図」によれば、たしかに興道も本道も蔵人に補せられているが、蔵人は天皇に近侍する栄職だから、その家が衰微すればいかに父祖がそうだからといっても、蔵人になれない場合もあり得る。現に本道の嫡子と目される有友でさえ、蔵人になっていない。されば『大日本史』は他人の注と混同したか、あるいは誤った系図によって望行を蔵人としたのだろう。

といふことになるが、目崎徳衛氏の『紀貫之』（一七ページ）では、

　望行は紀興道の孫、本道の子で、有朋《ありとも》の兄弟であるという系譜のほかはさっぱり明らかでない人で、平安末期に藤原仲実の著わした『古今和歌集目録』にも「承和比《ごろ》の人。官史云々《うんぬん》。」など と甚だたよりない断片的記事があるだけである。

とされ、蔵人については全くふれられてゐない。

　次に「従四位下に叙せられ（近江日野大嵩社天慶八年梁牌）」であるが、目崎氏は『紀貫之』で

「近江日野大嵩社天慶八年梁牌」を偽作と断定し、「従四位下」叙任を否定された。以後、この説は学界の定説化されてゐるやうである。しかし、この件は歌仙伝や古今和歌集目録等にはみえないので、史料探索の成果といふことはできよう。

以上の二点を除けば、『大日本史』の記述は今日的検証に堪えられるやうである。そこで、生年と歿年について検討を加へることとしよう。これに関して『大日本史』が記すのは天慶九年に卒したことだけであるが、その先駆的主張としてまず人見卜幽の説を窺ふところから始めよう。卜幽は『土佐日記附註』の冒頭に「三十六歌仙伝」にみえる記載を「紀貫之官位」として掲載し、その末尾に「古今抄。三十四受勅。七十九卒。」との割註を加へたのである。「古今抄」はその出典といふことになるが、「七十九卒」は「同九年卒」の割註記載であるから同（天慶）九年に七十九歳で亡くなつたの意、また「三十四受勅」は三十四歳の時に古今和歌集の撰進の勅を得たの意と解してよいであらう。さうすると、「七十九卒」から生年を算出すると貞観十年となるが、「三十四受勅」（延喜五年）から算出すると貞観十四年となり、齟齬をきたすことになるのである。卜幽は「紀貫之官位」の次に林道春撰の「紀貫之伝」をも収めてをり、これには延喜五年の受勅と天慶九年卒のことがみえるが、卒年齢は記されてゐない。さうすると、割註は卜幽独自の考察としてよいが、ただその齟齬には気付かなかつたといふことにならう。卜幽説は富士谷御杖（『土佐日記燈』）や目崎徳衛氏（『紀貫之』）に踏襲されたが、この齟齬に気付かれたのは萩谷朴氏であり、「これでは卜幽が果たして、貞観十年を主張したのか、貞観十四年を指定したのか不明である。」（『土佐日記全注釈』四四五ページ）とされたのである。

次に、卜幽説をふまへて生年に関する諸説をみてみよう。

目崎氏（『紀貫之』一一ページ）によれば、「大体貞観《じょうがん》初年（八五九年頃）、貞観十四乃至《ないし》十六年頃、元慶《がんぎょう》七・八年（八八三・八八四）頃の三説となる」といふのであるが、このうち元慶七・八年説は問題にならず、貞観初年説は香川景樹の説で、これは谷香氏や西下経一氏の批判があるとされ、氏自身は仮に貞観十四年の辺に定めてをられる。ただ、萩谷氏が述べられてゐるやうに、卜幽説は二説となるので、貞観十年説も加へることができよう。その萩谷氏は「仮に、貞観十年（八六八）出生とすると、延喜五年は三八歳、承平五年には六八歳、天慶八年の歿年は七八歳となる。」（前掲四四五ページ）とされてゐる。

西下説は目崎氏も言及されてゐるが、該当の個所は次の通りである。

仮に寛平五年を二十歳とすると、延喜五年は三十二歳となり、卒年は七十三歳となる。私はその位であろうと思うが、香川景樹（カゲキ）は延喜五年を四十五六歳としているから、卒年が八十六七歳となり、少し高齢すぎるように思われる。土佐日記を見ると「かしらもみな白けぬ。なゝそぢ、やそぢは海にあるものなりけり」とあって、海賊が襲来してくるかも知れぬという心配の上に、海もまた恐しいので、急に頭が白くなったという。この文から見ると、貫之はその時まだ七十ではなかったが、七十からそうかけ離れてもいなかったのであろう。

（『日本文学講座』Ⅱ「紀貫之」一八八ページ）

一方、村瀬敏夫氏はこれらの説を整理された上で、寛平御時后味宮歌合や是貞親王家歌合に出詠したことに関連させて貫之の任官を二十二歳とし、

それで寛平四年にすでに官人であった貫之が、当時二十二歳であったと仮定すれば、その生年は貞観十三年となる。（『紀貫之伝の研究』五六ページ）

とされ、鈴木知太郎氏は「生年についても諸説があって明確でないが、貞観十年（八六八）ごろと思われる。」（『国史大辞典』第四巻一八七ページ）と述べられてゐる。

歿年については、目崎氏は天慶八年夏秋の頃とされ、「仮に貞観十四年生れとすれば、行年は七十四歳である。諸書に九年といふのは、あるいは「八年九月」の誤脱でもあろうか。」（前掲一八五ページ）と『大日本史』を否定されてゐる。西下氏は天慶九年の七十二歳（前掲一八九ページ）、萩谷氏は先に引いたやうに天慶八年七十八歳であるが、さらに次のやうにも述べられてゐる。

結局、貫之の死期は、『本朝世紀』の記事によって、天慶八年九月十九日以後とするの他はなく、八年か九年かを判別する直接の根拠は今のところ見出だされない。但し、『目録』にいう天慶九年もこれを傍証すべき他の史料はない。ただ、天慶八年二月の内裏屏風歌を最後として、製作年時の明らかなそれ以後の和歌が残されていないから、天慶九年まで生存したと考えるより、やはり天慶八年の中に卒したと見るのがより妥当性が多いように思われるのみである。『目録』の「同九

年卒」という本文が、或いは「同九月卒」の誤謬であるかも知れない。さすれば天慶八年の九月は大の月であるから、九月廿日乃至卅日の一一日間に局限されることとなる。（前掲四七六ページ）

これに対して、村瀬氏は萩谷氏の説を批判して「まことに細密な考証であるが、しかしながら古来の所伝である天慶九年死亡説を否定するのは躊躇されるのである」（前掲四六〇ページ）とし、『後撰集』末尾の和歌について考証された結論として「かくて貫之の病状はますます募り、ついに天慶九年秋に没したとみられるのである」（前掲四六二ページ）とされた。鈴木氏は「八年三月木工権頭に任ぜられたが、この九月以降、年末までの間に没したらしい。享年七十八・九か。」（前掲一八八ページ）とされてゐる。

以上の諸説をまとめてみると左表のやうにならう（括弧は推定）。

主張者	生年	没年	没年齢	備考（出典）
大日本史		天慶九		歌仙伝・目録
人見卜幽	（貞観十）	天慶九	七九	古今抄
	（貞観十四）			古今抄
香川景樹	貞観初	天慶末		古今和歌集正義
伴　信友	貞観十	天慶九	七九	仮字本末
目崎氏	貞観十四	天慶八	七四	紀貫之（人物叢書）
西下氏	（貞観十六）	天慶九	七三	日本文学講座第二巻
萩谷氏	貞観十	天慶八	七八	土佐日記全注釈
村瀬氏	貞観十三	天慶九	七六	紀貫之伝の研究
鈴木氏	貞観十	天慶八	七八・九	国史大辞典第四巻

右表に若干の補注を加へると、卜幽説は富士谷御杖『土佐日記燈』の支持があり（目崎氏が紹介される元慶八年生年説は御杖の記述によるのであらう）、景樹の『古今和歌集正義』には古今集撰進時の二十三歳説と三十二歳説といふ古伝がみえるから、近世にはさまざまな説が存在してゐたといふことにならう。また、景樹説の解釈も西下氏・目崎氏・村瀬氏の解釈が微妙に異なるので、ここでは推定に相違が出来するので省略しよう。鈴木氏の没年齢は貞観十年を生年とすると七十八歳となるはずである。

このやうにみてくると、『大日本史』や卜幽説は必ずしも否定せらるべきではなく、今日なほ学説としての価値を保つてゐるといふことができよう。

をはりに——土佐日記研究の意義——

最後に、水戸学派における土佐日記研究の意義をまとめて結びとしよう。

1徳川光圀や吉田活堂に土佐日記への関心が窺へるのであるが、それは事例としてはわづかではあるけれども水戸学派の国学的関心の一端として考へることができよう。

2『大日本史』の紀貫之伝は、近世の代表的貫之伝として位置づけられるが、研究史的役割もさることながら今日の研究水準からみても決して低いものではないと思はれる。

3卜幽説は『大日本史』とともに近世初期の研究として貴重なものであるが、特に「古今抄」（その存在が確認できないけれども）の発掘には功績を認めてよいであらう。

4 以上のやうにみてくると、近世の土佐日記研究に果たした水戸学派の役割は十分に認められるであらう。

第六章　『承久記』研究

はじめに

『承久記』は承久の変を叙述した軍記物語であるが、京都側（いはゆる官軍）の事情を窺ふ記録としてその史的価値は高く評価されてゐる（上横手雅敬氏の一連の研究参照）。成立や作者等に関しては不明な点が少なくないが、以下には水戸学派の『承久記』に対する関心の一端を考察してみたいと思ふ。

一　『承久記』の概要

一般に『承久記』は流布本（刊本）・異本（尊経閣文庫蔵本・承久兵乱記）・異書（慈光寺本）と三分類されるやうであるが（『国史大辞典』による。『日本文学大辞典』では承久記・承久兵乱記・慈光寺本承久記・承久軍物語、『承久記・新撰日本古典文庫1』の解説では慈光寺本承久記・前田家本承久記・流布本承久記・承久軍物語とそれぞれ四分類、新日本古典文学大系の解説でも踏襲）、ここで言及するのは異書（慈光寺本）である。といふのは、この異書は「慈光寺本承久記」（以下、慈光寺本と記す）といはれ、今日彰考館に架蔵されてゐるものであつて、安藤年山（為章）によつて収集されたからである。したがつて、彰考館本といふのは慈光寺本のことを指し、唯一の伝本となつてゐる。以下の言及は、昭和四十九年に村上光徳氏によつて刊行された影印本（付解説）によるところが大である（白帝社、背文字は「彰考館本承久記」）。

まづ、書誌であるが、村上氏によれば上下巻合冊、袋綴、墨付九六丁（上巻四七丁、下巻四九丁）、各葉八行書きで、タテ二八・八センチメートル、ヨコ二〇・一センチメートルの大型本とのことである。題簽には「承久記　慈光寺　全」とみえてゐる。慈光寺本といはれるのはこの題簽によるものであることは疑ひないであらう（その他には一切みえない）。慈光寺については慈光寺家が本書の成立伝承に関はつたといふ杉山次子氏の説（『日本仏教』三十三号所載「慈光寺本承久記」をめぐつて――鎌倉初期中間層の心情をみる――）を引き、示唆に富み興味を引かれるとしながらも疑問とされてゐる。久保田淳氏は新日本古典文学大系43の解説に「慈光寺はこの本が伝来した場所を意味するものであろうか。もしも慈光寺家の意であるとすれば、この本の作者圏や享受者圏の問題を考える際に示唆的である」（六〇七ページ）と述べられてゐる。

さて、本書慈光寺本の内容であるが、やはり村上氏の解説によつて紹介する。承久三年後鳥羽上皇の討幕の御企の顛末を記述したものであり、上巻は序にあたる部分から始まり、過去・現在・未来を仏説によつて説き、続いて釈尊の出生、五法の目出たさをあげ、そして外国、日本の天地開闢、国王の歴史を説き、神武天皇から承久までの間で国王の兵乱は十二回あつたと述べる。次いで、源氏三代の運命、北条義時の野望、後鳥羽院の叡慮を述べ、本論に入る。本論は義時をはじめとする鎌倉幕府があまりに御意に添はないので討幕の御決意をされるところから始まり、伊賀判官とその子寿王丸の死を描き、ここに承久の変が起こつた。次いで、義時追討の院宣を下し、東国への使者として押松といふ人物が選ばれ、鎌倉に下る。この押松の動きとともに物語の舞台は鎌倉へ移る。鎌倉ではすでに討死にした伊賀判官の使ひによつて事情を知つてゐて、押松は鎌倉入りすると同時に捕らへられる。宣旨は鎌倉の手に入り、二位尼政子は主なる武将を前にして叱咤激励する。これにより鎌倉方はただちに東海、東山、北陸の三道より京に向かつて攻め上るのである。それと同時に捕らへられてゐた押松は解き放され、京へ駆け上がる。この押松とともに物語の舞台も再び京へ移る。

下巻に入り、押松は院の御前で余すところなく鎌倉方の様子を報告する。京方はただちに各手の防備の部署につき、鎌倉方を迎へ討つ体勢を整へる。合戦はまづ遠江の橋本宿で、下野の玄蕃太郎と打田党の打田三郎との戦ひから始まる。続いて尾張の洲俣をはじめ尾張国での戦ひを丁寧に描く。そして京方は敗れ、次は坑瀬川において小玉党を相手に戦ふ京方の山田重定の奮戦物語がある。本書の合戦の物語は他の流布本や前田本と異なり、尾張国での合戦と坑瀬川の山田重定の奮戦を中心に描いて、それに東寺の戦ひや胤義兄弟の戦ひなどを付け加へてゐるにすぎないが、その後物語は戦後の処理に及ぶ。三上皇の遷幸、六条宮、按察中納言宗行、坊門大納言忠信等のことを記す。加へて哀話として山城守の子息勢多加の悲劇を平家物語の六代御前もどきに記してゐる。以上が概要である。

二　慈光寺本収集の経緯

村上氏の解説によつて慈光寺本収集の経緯を窺ふところから始めよう。本書の末尾に、

右承久記古本一冊元禄己巳冬安藤新助京師新写本

とみえ、元禄二年秋の京都において収集したことが知られる。ただ、「京師新写本」といふのは京都で筆写したのか、発見したのみであるのかが判然としない。しかし、『承久記・新撰日本古典文庫1』の解説は「水戸藩士安藤新助なる人物が元禄二年（一六八九）の冬、京都において書写した本である」（二四ページ）と述べられてゐる。これは、以下にふれる村上氏の考察によつて誤りといはなければならない。村上氏は、彰考館所蔵『館本出所考』の次の記載を示されてゐるのである。

一、水左記　（於水戸写附旧本）　二本
一、二水記　（於水戸写附旧本）　九本
一、承久記　（於江戸写）　一本
右三部元禄二己巳之冬安藤新介伝原本于江戸写返京師

これにより、ここにみえる承久記は慈光寺本とみられるとし、さらに、

右九部元禄二己巳秋安藤新介獲之京師写

といふ記事と、

右八部元禄三庚午春以筆耕某所伝借本写安藤新介京師新写

との記事により、安藤新介（為章、年山）は元禄二年から三年にかけて京都で資料探索活動を行ったとし、慈光寺本奥書の「新助」は本人の筆写ではないから誤つたのであらうとされた。福田耕二郎氏からの教示として「新助」は「新介」であらうとも述べられてゐる。また、原本の所在や慈光寺本の発見場所や伝来を知りたいとも記されてゐる。

以上が村上氏が述べられる概略であるが、「新助」について補足しておくと、当時義公光圀も「新助」と本人宛書簡をはじめ他でも使はれてゐるところから混用の実態を裏付けることができる（『水戸義公全集』下三三三・四五三・四六一ページ。また、三三六ページには安積角兵衛——本来は覚兵衛——との記載もみられ、人名の混用はしばしば起こり得る。したがつて、一概に誤りとすることは早計かもしれない）。新介すなわち年山が元禄二年から京都等に出てゐたことについては、渡辺刀水氏も「為章は此年は京摂の地に出張して居たらしく、夏の頃丹波の故郷に父定為を省した」（日本書誌学大系『渡辺刀水集』二の四一ページ）と記され、元禄三年の条には六月二十五日に兄為実の上京を水戸で見送り、「為章は此年の秋は江戸に在つて、水戸邸で開かれた八月十五日夜名月の宴に侍した」（同四三ページ）とされるのみである。京都から帰つた時期については、光圀の四月二十日付矢嶋豊前守宛書簡に「今度家来安藤新助罷帰、始而令承知候付謝礼令延引、非本意候」（『水戸義公全集』下四五三ページ）とみえるから、四月二十日以前に帰つたことは明かである。福田耕二郎氏は「かれは元禄二年秋に光圀の命で上京し、翌年夏に帰つた」（『水戸の彰考館――その学問と成果――』七三ページ）とされるが、四月に帰つたのであれば首肯できる記述である。いづれにしても、慈光寺本は年山が京都で発見し、江戸へ送つて筆写され、返却されたやうである。

　ところで、私が架蔵する村上氏の解説本には筆者は不明であるが、次のやうな書き込みがみられる。私的な書き込みであるから躊躇はするが、勝れた指摘であるので紹介させて戴かう。

　貴説の通り慈光寺は中務権大輔の冬仲かとも存じます。というのは「水戸義公公卿御書留」（水戸義公全集下）によれば、以前文通がなかったのが元禄三年正月廿八日（四四四頁）に年賀の返礼を出しております。これがはじめてのようで、その前年に慈光本《ママ》との関係から、こうなったのではないかと存じます。その後七月七日にも返事を出しています。時候見舞があったのでと思います（四五九頁）翌四年七月十八日には安藤主殿（新介の兄）宛に（四八九頁）光圀への時候見舞を出での《ママ》で、光圀が返事をしております。冬仲は従四位下で光圀は従三位であり、直接に文通は遠慮したかと思われます。本を借りたお礼なども光圀は直接書状は出さず家来と冬仲とやりとりしたかと思われます。いずれ何か史料がみつかり次第申し上げます。

この書き込みでは三書簡にふれられてゐるが、確かに指摘の通りであり、おそらく慈光寺本といふのは慈光寺冬仲によつたからであらう。事情は不明であるが、冬仲の所蔵される『承久記』を年山が発掘し、それが彰考館に伝へられたと推察して誤りはないであらう。実は、『水戸義公全集』下には冬仲宛書簡が五通収められてゐるのであり、書き込みはその三書簡に言及してゐるのである。年代順に掲げてみると、

元禄三年正月廿八日付
同　七月七日付
同　十一月廿五日付
元禄四年二月十八日付
同　七月十八日付

となり、冬仲は四年八月十三日に亡くなるから以後の書簡がみえないのは当然である。五通すべてが返報であり、時候の挨拶であり礼状となつてゐる。内容から『承久記』はもとより書籍収集に関する事柄を窺ふことはできない。しかしながら、突然書簡の往復がなされるはずはないであらうから、何らかの理由があつてしかるべきである。村上氏の解説にも先の書き入れにもみえないが、実はこれ以前に安藤抱琴・年山兄弟と冬仲には重要な関係が存在したのである。それを証明するのは『年山紀聞』巻之二にみえる左の一節である（日本随筆大成所収本三一七ページ）。

先考（内匠頭定為朝臣）とむつましく、兄弟ばかりのまじはりなりしかば、為章又十四五歳の頃

より、この人に歌よむことならひ侍りて、おほくは夜にいりて詠草もてまいり、子丑の漏まで、そこはかとなくしどけなき事のみ問聞侍りしに、ぬしは宵より袴うちきて、膝をもなほさず、いさゝかも怠慢のけしきなく、いつも心よくあひしらひて帰されける。

これによれば、冬仲は年山の歌の師であり、父定為はその友だつたことが知られるが、冬仲は中院通村に歌道を学んだ人物であつて源氏物語に造詣深かつた。兄抱琴（為実）とは「古今集伝授は、このぬしよりつたへられける」といふ関係であつた（『千年山集』第三所収「正覚院に贈る歌並序」にも「冬仲朝臣より伝へ侍し古今集の事梅里君とし比さとしあきらめられし」（割註等省略）とみえてゐる）。『年山紀聞』のこの項では冬仲の、

はしたなくあけ過ばとて衣々を心の外にいそぐさへうき

といふ一首をも掲げてゐる。また、巻之六の「長松軒惟翁の伝」には父定為について述べた次の一節が関連の記載である。

二十歳にして京師に出て、三木主膳冬仲とゝもに、下冷泉為景朝臣のもとにまゐりて、四書等の講義をうけ、かつ春秋、礼記以下の素読をまねび玉ふ。（冬仲は三木大和守が子なり、後に蔵人に補せられ、極臈にいたる、定為と兄弟の約始終かはらず）（同書四五二ページ）

さうしてみると、冬仲と定為は同門であつたのであり、その関係は始終変はることがなかつたのである。さらに伏見宮貞致親王にも仕へたから、親王の諸大夫であつた冬仲（光圀の十一月廿五日付書

簡にも伏見様衆との添書がみえる）とは主人を同じくしたことになる。このやうな状況からすれば年山が冬仲から『承久記』を得たとしても何等不思議はあるまい（「紫家七論」の末尾に「このものがたりをこのみて、中務太輔冬仲朝臣の講釈を聞」とみえるのも同様である）。

すでに述べたやうに冬仲は元禄四年八月十三日六十三歳で歿するが、抱琴はこの年四月二十二日京都から水戸へ帰つてきた。しかし、九月二十五日再度京都へ旅立ち、十一月に帰つて来るのである。いふまでもなく、資料探索が主たる目的ではあつたらうが、この上京には師であつた冬仲を弔ふことも含まれてゐたのではなからうか。

三　慈光寺本と『大日本史』との関係

次に、年山によつて発掘された「慈光寺本承久記」の役割を考察してみよう。それは『大日本史』の記述の検討を通じて行ふことにしたいと思ふ。『大日本史』では本紀第五十七の九条廃帝の項が該当する。九条廃帝とは第八十五代仲恭天皇をさすが、明治三年に追号されたのであるから『大日本史』に天皇号がみえないのは当然である。

さて、『大日本史』本紀第五十七には承久記に拠つた記載（すなはち割註にみえる『承久記』の記載数）が二十四カ所みられる。このうち、印本承久記と杉原本承久記といふのがみえるから実際の『承久記』といふ記載は二十二カ所となるが、慈光寺本の他にも収集したことが知られるのである。

二十二カ所のうち、単独で記載されてゐるのは九カ所のみであり、他は『百錬鈔』や『東鑑』（吾妻鏡）等との併記である。以下には、記載状況を検討して『承久記』の史的価値を考察してみたいと思ふ。ここでの考察は『承久記』といふ割註記載がどの系統の本によるのかといふ点である。

まづ、『百錬鈔』や『東鑑』の記載は国史大系本によつてみるとほとんどが確認できるのであるが、『承久記』は年山収集の慈光寺本ではなく、流布本によつてゐるのである。私が確認したのは茨城県立歴史館所蔵の木版本（寛永整版本と思はれる）によるが、さうすると慈光寺本ではなく流布本を採用したといふことになるのである。その理由は分からないが、流布本により史的価値を認めた結果であるといへるかもしれない。したがつて、慈光寺本の他にも探索が行はれたといふことになるが、その年代は不明である。ただ、慈光寺本が先なのか流布本が先なのかそれも不明であるし、年山収集本が当初から『大日本史』編纂の参考とされたかどうかも分からない。一体、『大日本史』と他の事業との関係はどういふ状態にあつたのであらうか。史料はどのやうに活用されたのであらうか。このやうな問題には不明な点が多く解明すべきことが残されてゐるのであるから、『大日本史』の記載のみによつて「慈光寺本承久記」の史的価値を論ずることは妥当ではないやうに思はれる。

それにしても、本紀第五十七の六月二日己卯の項にみえる「東鑑に二日となし、印本承久記に五月晦となせり。今しばらく杉原本承久記に従ふ」との割註記載からすると印本と杉原本は承久記とは異なるわけであり、少なくとも三種の『承久記』を参照したことになる。また、慈光寺本をも参考としたとすれば四種となる。杉原本については不明であるが（彰考館文庫には杉原本の保元物語や平治物語が所蔵されてゐるから同様のものであらう）、印本といふからには版本のことであらうか。すくなくとも、慈光寺本や寛永整版本とは異なるやうである。ともかくも、『大日本史』編纂のためにより多くの史料（ここでは『承久記』）の探索に努めたことは確認できるのである。

をはりに

以上述べてきたことをまとめてみると、次のやうになるであらう。

1 「慈光寺本承久記」は安藤年山（為章）が慈光寺冬仲との交流の中において探索入手したものであり、それが彰考館に伝へられたのであらう。

2 「慈光寺本承久記」は『大日本史』本紀第五十七の割註にはみえないので、直接には編纂の史料として使はれなかつたと思はれる。

なほ、蛇足ながら「慈光寺本承久記」が国文学史上の貴重本であり、『群書類従』等にも収録されてをらず（岩波書店の新日本古典文学大系43に収録、解説で久保田淳氏は「おそらく慈光寺本が『承久記』の最も古態本文であって、他の諸本は同本の枠組を継承しつつ、多くの伝承や記録、文学作品などを摂取することによって、現在見られるごとき姿になったのではないであろうか」（六一一ページ）と推測されてゐる）、唯一の伝本であることは先学の所論の通りであり、そこに史的価値もさることながら年山の功績と彰考館の役割を強調しておくのも意義なしとはしないであらう。

第七章　『扶桑拾葉集系図』について

はじめに

徳川光圀によつて編集された『扶桑拾葉集』は刊行本で三十五冊となるが、そのうちの一冊が「作者系図」（題簽は扶桑拾葉集系図）である。この「作者系図」が誰によつて作成されたのかは分からないが、系図は伝記研究の一部でもあるから『大日本史』の記述との関係は、当時の水戸藩における史学の基礎的研究を探る上で貴重な材料となるであらう。収録文の作者の大体を知る上では充分なものと位置づけられたはずであるから、「作者系図」が簡略なものであるとしてもそこには史学的力量の一端は表明されてゐると考へてよい。以上のやうな認識のもとに、本章ではこれまで等閑に付されてきた「作者系図」を検討してみようとするものである。

一　「作者系図」と『大日本史』との関係

『扶桑拾葉集』には「目録」に続いて「作者系図」が付されてゐるが、その中で『大日本史』と重複する伝記を比較検討してみようといふのが本節の意図である。まづ、本紀との相違を指摘しよう。

嵯峨天皇は「諱賀美能。桓武天皇第二皇子。延暦五年誕生。大同元年即位。承和九年崩。寿五十八」であるが、本紀では賀美能は割註記載で本文は神野、年五十七とある。

花園天皇は「諱富仁。伏見天皇第二皇子。永仁五年誕生。延慶元年即位。貞和四年十一月崩。寿五十三」であるが、本紀では第三子とあり、割註に第二子説がみえ、徳治三年が即位で、正平三年五十二で崩ずとある。改元からみると徳治三年となるが、実際の即位の礼は十一月に行はれてゐるから延慶元年である。したがつて改元による年号の相違はそれほど大きな差ではないであらう。なほ、貞和は北朝の年号である。

後鳥羽天皇は「諱尊成。高倉天皇第四皇子。治承四年誕生。元暦元年即位。延応元年崩於隠岐嶋。寿六十」であるが、本紀との相違はみられない。

後伏見天皇は「諱胤仁。伏見天皇第一皇子。弘安十一年誕生。永仁六年即位。譲位後落飾号行覚。建武三年四月崩。寿四十九」であるが、正応元年誕生、延元元年崩ずとみえる。改元からみると弘安十一年、延元元年となる。

後醍醐天皇は「諱尊治。後宇多院第二皇子。正応元年誕生。文保三年即位。延元四年八月十六日崩于吉野行宮。寿五十一」であるが、文保二年即位、年五十二とある。文保二年が正しいであらう。

後小松天皇は「諱幹仁。後円融院第一皇子。永徳二年十二月即位。永享五年十月崩于一条東洞院。

寿五十七」であるが、本紀との相違はみられない。永徳は北朝の年号である。

後花園天皇は「諱彦仁。後小松院第三皇子。応永廿六年誕生。永享元年即位。文明二年十二月崩於室町亭泉殿。寿五十二」とあるが、『大日本史』の範囲を越えるから比較することはできない。

以上、後小松天皇までの六天皇の比較をみる限り相違がないとはいへないが、『扶桑拾葉集』が後西上皇に献上された延宝八年の時点で『大日本史』本紀は必ずしも完成してゐたわけではないから（とはいふもののこの年には清書本旧紀伝が完成してゐた）、両者が同一ではなくても不思議はない。しかしながら、両者をお互ひに参照し合へばその相違点はほとんどなかつたのではないかと思はれるが、それを確認する手だてはない。そこで、さらに他の伝記（列伝）を比較してみることにしよう。括弧内が系図でその後に本紀との相違を記すことにする。

紀貫之は「童名阿久曽。従五上。土佐守。木工頭。天慶九年卒」とあるが、童名阿久曽はみえず、極官位は従四位下とみえる。従四位下は新発見の史料によるものであるが、今日では否定されてゐる（第五章参照）。

藤原通俊は「従二位。権中納言。治部卿。承保二年奉勅撰後拾遺集。応徳三年九月十六日上進。康和元年八月十六日薨。年五十三」とあるが、月日はみえてゐない。

藤原俊成は「初名顕広。正二位。皇太后宮大夫。保元二年奉勅撰千載集。安元二年九月二十八日出家。法名釈阿。元久元年十一月晦薨。年九十一（イニ九十二歳）」とあるが、正三位とみえ、その他多くは年月が記されてゐない。

藤原定家は「正二位。権中納言。民部卿。元久二年奉勅撰新古今集。貞永元年奉勅撰新勅撰集。法名明静。仁治二年八月二十日薨。年八十三（或云八十歳）」とあるが、「元久の初、上皇勅」とみえ、薨去の年齢は八十となつてゐる。

宗良親王は「第七皇子。母贈従三位藤原為子。権大納言為世卿女。入妙法院室号尊澄法親王。後還俗改宗良」とあるが、第七皇子。母贈従三位藤原為子。権大納言為世卿女はみえてゐない。

平兼盛は「従五位下。越前守。仕村上冷泉円融三帝。正暦元年十二月卒」とあるが、従五位上、駿河守とみえ、十二月は記されてゐない。

源順は「従五位上。能登守。永観元年卒。年七十二」とあるが、官位はみえず、また年七十三と記されてゐる。

橘正通は「正四位下。少納言」とのみあるが、官位は六位までしかみえず、少納言については記されてゐない。

源為憲は「正五位下。伊賀。遠江。美濃守。文章博士。寛弘八年卒」とあるが、官位は従五位上までしかみえず、卒年は記されてゐない。

清少納言は「清少納言。初仕皇后定子。後為上東門院侍女。嘗著枕草子。老年落泊。卒於筑州民門云」とあるが、「後為上東門院侍女」や「老年落泊卒於筑州民門云」はみえてゐない。「卒於筑州民門云」は近世に流布してゐた説であり、その根拠は不明である。

紫式部は「紫式部。上東門院侍女。為御堂関白道長公妾。撰源氏物語」とあるが、為御堂関白道長公妾については「道長其の才色を悦びて之を私せんと欲せしかども式部拒みて従はざりき」とみえる（後述）。

源俊頼は「従四位上。左京大夫。木工頭。右少将。奉勅撰金葉集。天仁三年正月二十八日兼越前守」とあるが、天仁三年以下はみえてゐない。

藤原基俊は「従五位下。左衛門佐。母下総守高階順業女。保延四年出家。法名覚舜。和漢秀才。新朗詠撰者」とあるが、母下総守高階順業女はみえてゐない。

藤原為業は「伊豆。伊賀守。皇太后大進。従五位下。法名寂念。撰世継物語」とあるが、従五位下はみえてゐない。

藤原清輔は「正四位下。長門守。皇太后宮大進。治承元年卒。年七十四」とあるが、年はみえてゐない。

釈西行（憲清）は「異作義清。又則清。或範清。従五位。左衛門尉。鳥羽院下北面。母監物清経女。出家法名円位。又名西行号大宝房。建久九年二月十五日寂」とあるが、左兵衛尉とみえ、「建久元年二月十六日京師に卒す」と記されてゐる。また、従五位・母監物清経女・大宝房などはみえてゐない。

藤原家隆は「宮内卿。正二位。嘉禎三年四月九日薨。年七十九。先是依病出家。法名仏性」とあるが、従二位、年八十とみえる。

鴨長明は「従五位下。応保元年十月十七日中宮御給。叙爵号菊大夫。建保四年六月八日卒。年六十四」とあるが、卒年や年齢はみえてゐない。

以上は、『大日本史』が独立の伝を立ててゐる場合のすべてであるが（阿仏のやうな附属の伝は頗る簡略であるからここでは対象としない）、内容的に全く同じ記事は見当たらない。基本的に『大日本史』は日月や母等に関しての記述がみられないのでこれ以外の点で比較してみよう。

その中で、大きく異なるのは官位や歿年齢に相違がみられることである（源順や藤原家隆の歿年齢は一年違ひであるが『大日本史』が正しいから単純ミスかもしれない）。しかも、定家の項の歿年をみると異説が『大日本史』の説であるから、『大日本史』を参照したとはいへないと思はれるし、『大日本史』にみえない記述があることもそれを裏付けることにならう。ここでは二例ではあるが異説がみえてゐることは（藤原俊成・定家）、異説が採取されれば掲げられることを意味してゐよう。さうすると、『大日本史』にみえない記事はその根拠からして省かれたのであらうし、また考証の結果確実と判断されたもののみが掲げられることになつたともいひえよう。

二　『紫家七論』の系図との関係

次に、安藤年山の『紫家七論』冒頭にみえる紫式部系図を例にとつて『大日本史』と『扶桑拾葉集系図』とを再度比較検討してみよう。まづ、『大日本史』列伝の記事を掲げよう（括弧内は割註箇所）。

紫式部、式部丞藤原為時が女にして（紫式部日記・尊卑文脈）右衛門権佐藤原宣孝に嫁ぎたり（尊卑文脈）。式部、資性敏恵にして、幼時、人の書を読むを聞きて、即ち能く暗記したれば、為時、甚だ之を愛し、常に之を撫で丶曰く、恨むらくは、汝をして男たらしめざりしことをと。長じて和歌を能くし、博く和漢の旧記に渉り、兼て朝廷の典故に通じたり。時に、上東門院、方に文詞を好みて、婦人の才華あるものを選び、引きて左右に置きけるが、式部、亦時に候せり。上東門院、白氏文集を読まんと欲せしに、式部、之に楽府二巻を授けたり。上東門院の父道長、其の才色を悦びて、之に私せんと欲せしに、式部、拒みて従はざりき（紫式部日記）。源氏物語五十四帖を著し丶が、醍醐・朱雀・村上三朝の事蹟に仮託して、空に架し虚に憑り、閎富精妙なること、古今に度越したれば、後人、箋注を下し、疑難を釈き、詞家の宗となせり（河海鈔）。一条帝、読みて大に之を賞して、是、善く日本紀に暗熟したるものなりと曰ひければ、人、呼びて日本紀局と曰へり（紫式部日記・河海鈔○河海鈔に曰く、斎院選子、中宮より書を借らんとしけるに、中宮、新奇を以て之に誇らんと欲し、式部に命じて源氏物語を作らしめたりと。宇治拾遺物語及び花鳥余情に、長明が無明鈔を引きて曰く、道長が妻倫子が命を以て之を作れりと。或は曰く、式部、家居して著し丶所なるを、中宮、見て其の才を奇とし、遂に召して左右に侍せしめたりと。未だ孰か是なるをしらず。）人となり婉順淑愻にして、自ら長ずる所に矜らざりしが、其の謹飭身を持するの大較は、著す所の日記に見えたり。（以下、女賢子に関する記述は省略）

以上が紫式部に関する全文である。続いて『紫家七論』冒頭にみえる系図中の記事を掲げよう。

河海抄云、鷹司殿従二位倫子官女也、相継而陪仕上東門院。又云、源氏一部の中に、紫のうへの事を、すぐれてかき出たるゆゑに、藤式部の名をあらためて、紫式部と号せられけり。今按、紫日記に云、左衛門督、公任あなかしこ、此わたりに若紫や侍らふと、うかゞひたまふ、云々。是式部をさして、若紫と称せられたれば、河海抄の此説尤あたれり。又按に、宣孝系図に、長保三四二十五卒とあり。紫日記を合せ考るに、長保三年四月二十五日宣孝卒して、後三四五年ばかりやもめずみして、寛弘二三年の頃にや宮仕に出たち侍りけんかし。源氏ものがたり作りしも、其やもめずみのほどにや。猶七論の中に記し侍り。

系図異本に、道長妾也、後嫁宣孝、とあるは伝説の誤也。

「作者系図」を再度掲げると「紫式部。上東門院侍女。為御堂関白道長公妾。撰源氏物語」であるが、さうしてみると「作者系図」は『河海抄』や『紫式部日記』を詳細に検討して伝記を作成した訳ではないやうである。もつとも、「作者系図」は他の伝記も極めて簡略であつて文章理解の手助けにすぎないから、伝記自体に重きを置いたとは思はれない。道長の妄説は中世以来の伝承にすぎなかつたが、年山は『紫式部日記』の検討によつてそれを否定してゐる。『大日本史』も採用はしてゐないが、道長が「之に私せんと欲」したが式部は「拒みて従はざりき」であつたことを『紫式部日記』によつて記してゐる。したがつて、「拾葉集」に『紫式部日記』は収録されてゐるのであるから十分に検討の機会はあつたものと思はれるが、「作者系図」の編纂者は検討には及ばなかつたといふことにならう。水戸の編纂書の中ではもつとも早い時期の成立である『扶桑拾葉集』が『大日本史』や年山の考察に及ばなくても止むをえないかもしれない。

それは、安藤抱琴の「一生之記」貞享二年の条（拙著『水戸派国学の研究』第一編第四章参照）には、

四月江戸へ下向　拾葉集見

六月廿六日水戸着

七月十一日為章下着

とみえ、抱琴や年山（為章）が水戸に仕官した時分に拾葉集はすでに完成してをり、安藤兄弟のやうな優れた国学的人物の手が加はつてゐないからである（同じく貞享二年に仕官した伴香竹も含めてよいであらうが、年山も香竹も献上後の校訂には従事したやうである）。また、当時和文理解の困難性が指摘されてゐたからでもある。

をはりに

「作者系図」と『大日本史』を比較すると相違がみられるが、一般には「作者系図」に不備がみられるのは止むをえないであらう。本格的考証を積み重ねた紀伝が「作者系図」より優れてゐることは当然であるからである。また、安藤兄弟や伴香竹のやうな和文理解に優れた人物が直接に当初から関与してゐなかつたことも理由の一つではあらうが、史料収集が進むとともにより精密な考証がなされることも考慮に入れてよいと思はれるからである。当時、『大日本史』の編纂は確実に進んでをり、いはゆる旧紀伝は完成してゐたから参照することは可能であつたはずである。ただ、『扶桑拾葉集』と『大日本史』とがどのやうな関係で編纂されてゐたか、定かではないために実際に参照することがあつたのかなかつたのか不明である。すくなくとも、両者の比較からは参照の実際を確認することができないやうに思はれる。しかしながら、「作者系図」から『大日本史』紀伝へとその伝記がより正確に叙述されていくことに水戸史臣の力量の向上を窺ふことができるやうに思はれる。

第八章　『扶桑拾葉集』の構成について

はじめに

『扶桑拾葉集』は義公徳川光圀によつて編集された和文集であり、光圀の国文学的教養が表明されてゐるものとして考へてよいであらう。さらに、万葉集の研究と並んで水戸学派における国学的濫觴として位置づけることも可能である。収録の三一三編（続編には二八編を収録）の和文には長短があるけれども、国文学的見地からも勝れた文章が収録されてゐるといへるであらう。収録の文章は勅撰和歌集の序文からはじまつて藤原為景や源通村といつた光圀と同時代人にまで及んでゐるが、その収録状況には光圀の考へが大きく作用してゐるはずである。私は『扶桑拾葉集』が近世国文学史あるいは国学史上において十分な評価がなされてよいのではないかと考へてゐる。そのためには何よりも再評価の基礎作業が必要である。そこで、まづ収録の和文目録を掲げて『扶桑拾葉集』の構成を検討し、次で収録の和文の若干を考察して水戸学派における古典観の一端を明らかにしたいと思ふ。それは『扶桑拾葉集』に込められた光圀の思想を明らかにする有効な方法と考へるからである。

なほ、成立・目的・意義等については名越時正氏の「『扶桑拾葉集』と徳川光圀の思想」（『水戸学の研究』所収）に詳しく言及されてゐるので参照されたいが、本章もこれによるところが大きい。さらに、吉田俊純氏の「『扶桑拾葉集』にみる徳川光圀の思想的展開」（『東京家政学院筑波女子短期大学紀要』第4集第一分冊）や「徳川光圀の『大日本史』編纂の学問的目的——北朝正統論をめぐって——」（『東京家政学院筑波女子大学紀要』第2集）は近年の論考として注目すべき論文である（両論ともに『水戸光圀の時代・水戸学の源流』に収録）。私の観点とは異なるところがあり、また結論にも若干の相違がみられると思ふが、立論に当たつて参考とさせて戴いたことを表明しておきたい。

一　『扶桑拾葉集』収録の和文目録

まづは三十巻の木版本によつて各巻ごとに和文目録を掲げ、その構成を考察することとしよう。なほ、＊印は『群書類従』に収録され、かつ校訂の参考とされたもの（現行の活字本による）、巻数のあとの括弧内は表紙二葉を除いた分量を示してゐる。

巻第一（四十八葉）

古万葉集序　嵯峨天皇

古今和歌集序　紀貫之

後拾遺和歌集序　藤原通俊
千載和歌集序　藤原俊成
新古今和歌集序　藤原良経
新勅撰和歌集序　藤原定家
続古今和歌集序　藤原基家
風雅和歌集序　花園天皇
新葉和歌集序　宗良親王
新後拾遺和歌集序　藤原良基
新続古今和歌集序　藤原兼良

巻第二（五十八葉）

亭子院歌合日記　伊勢
家の集の内　同
家の集の内　檜墻女
*土佐日記　紀貫之
蟻通の神に奉る和歌序　同
大井川行幸和歌序　同

巻第三（五十一葉）

熊野紀行　釈増基
遠江の道記　同
子日行幸奉和歌序　平兼盛
庚申夜奉和歌小序　源順
家の集の内　曽祢好忠
又　同
又　同
天禄歌合序　源為憲
同跋　同
行幸高陽院応制和歌序　善滋為政
家の集の内　賀茂保憲女
又　同
応詔和歌序　橘正通
枕草紙跋　清少納言

巻第四（八十六葉）

＊紫式部日記　紫式部

巻第五（五十七葉）

＊和泉式部物語　和泉式部

巻第六（七十四葉）

家の集の内　相模

家集序　大中臣輔親

家の集の内　藤原定頼

＊さらしなの日記　菅原孝標女

難後拾遺序　源経信

巻第七（四十一葉）

無名抄序　源俊頼

九月十三夜於前武衛泉亭詠和歌序　同

悦目抄序　藤原基俊

一子伝序　同

大かゝみ序　藤原為業

後葉和歌集序　藤原為経
奥義抄序　藤原清輔
水かゝみの序　藤原忠親
撰集抄序
釈西行
定家卿にをくる文　同
巻第八（七十葉）
厳嶋御幸の道の記　源通親
高倉天皇升遐の記　同
巻第九（八十四葉）
古来風躰抄序　藤原俊成
同後序　同
正治奏状　同
御裳濯川歌合序　同
五社百首序　同
日吉七社歌合序　同

同跋　同
すみよし歌合跋　同
民部卿家歌合跋　同
家の集の内　右京太夫
安元御賀の記　藤原隆房
*艶詞　同

巻第十（六十一葉）

和歌色葉集序　釈顕昭
蒙求和歌序　源光行
百詠和歌序　同
俊成九十賀記　源家長
愚管抄序　釈慈円
賀茂の大明神に奉る百首和歌序　同
奉納聖霊院和歌序　同
老若歌合序　同
早率露膽百首跋　同

少納言もと長をいためる辞　同
色葉和難集序　同
百首和歌跋　同
土御かと天皇に奉る文　藤原家隆
権中納言定家卿にをくる文　同
発心集序　鴨長明
瑩玉集序　同
*方丈記　同

巻第十一（六十葉）

千五百番歌合勅判序　後鳥羽天皇
遠嶋御歌合序　同
新古今和歌集跋　同
嶋よりの御文　同
顕註密勘跋　藤原定家
宮河歌合跋　同
家隆卿にこたふる文　同

長綱百首の端にしるせる辞　同
和歌初心抄序　同
人のもとへつかはせる文　越部禅尼
東関紀行　源親行
斧柯序　源通光
七十番歌合跋　藤原光俊
弘長歌合序　藤原為家
宝治歌合跋　同
古今著聞集跋　橘成季

巻第十二（九十四葉）

*うたゝね　阿仏
*庭のをしへ（或曰乳母文）　同
権大納言為家卿五七日の願文　同
*いさよひの記　同
隣女集序　藤原雅有
野もりのかゝみ序　源有房

源氏論義序　源具顕
同跋　同
巻第十三（九十三葉）
*中務内侍の日記　中務
*石清水御願書　後伏見天皇
*賀茂社御願書　同
御子に贈給ふ古今集跋　同
名和長年に下し給ふ勅書　後醍醐天皇
李花集のうち　宗良親王
又　同
又　同
又　同
又　同
又　同
千首和歌跋　同
*住吉まうて　源義詮

巻第十四上（五十七葉）

年中行事歌合序　藤原良基

＊おもひのまゝの日記　同

嵯峨野物語序　同

筑波問答序　同

＊小島のくちすさみ　同

巻第十四下（七十九葉）

＊さかき葉の日記　藤原良基

雲井のみのり　同

愚問賢註序　同

都のつと跋　同

雲井の花　同

白鷹記　同

さよのねさめ　同

人にあたふる詞　同

筑波集序　同

巻第十五（八十二葉）

愚問賢註跋　釈頓阿
高野日記　同
骸骨の絵の賛　釈慶運
＊都のつと　釈宗久
言塵集序　源貞世
落書露顕序　同
鹿苑院准后義満公厳嶋詣記　同
道ゆきふり　同

巻第十六（四十葉）

河海抄序　源善成
＊伊勢大神宮参詣記　坂士仏
源氏物語提要序　源範政

巻第十七（六十九葉）

相国寺塔供養記　藤原経嗣
北山行幸記　同

巻第十八（五十一葉）

七百番歌合序　藤原長親
仙源抄跋　同
両聖記　同
*むくさのたねの序　後小松天皇
鹿苑院准后義満公をいためる辞　藤原雅縁
後小松天皇升遐の記　同
冨士紀行　釈尭孝

巻第十九（三十四葉）

*椿葉記　後崇光院

巻第二十（五十葉）

冨士紀行　藤原雅世
春宮に送らせ給ふ御文　後花園天皇
山かつの記　貞常親王
世鏡抄跋　源義政
和歌入学序　藤原雅親

文明歌合序　同
慈照院准后義政公自歌合跋　同
三源一覧序　藤原俊通
五月雨記序　邦高親王
魚山の御法　尭胤法親王

巻第二十一（六十三葉）

嘉吉三年歌合序　藤原兼良
文安詩歌合序　同
雲井の春　同
としたての序　同
花鳥余情序　同
南都百首序　同
ふち河の記　同
草根集序　同
古今童蒙抄序　同
歌林良材集序　同

*ねさめの記序　同
勧修念仏記序　同
仙洞歌合跋　同
竹林抄序　同
世諺問答序　同

巻第二十二（五十葉）

*なくさめ草　釈正徹
のりのむしろ　同
寄花述懐和歌序　同
山のかすみ　藤原雅康
関東海道記　同

巻第二十三（四十一葉）

しらかさねの日記　藤原基綱
答亜槐実隆卿詠月和歌序　同
答亜槐実隆卿慰予失妻和歌序　同
わか草の記跋　同

世鏡抄序　藤原公藤
ます鏡序　藤原冬良
新百人一首跋　釈道興
夢庵記　釈肖柏
＊三愛記　同
雪の朝西芳寺に遊へる辞　多々良義興
雲井の御のり跋　菅原和長
　巻第二十四（三十四葉）
勅にしたかふて発句を奉る記　藤原実隆
詠月和歌序　同
道堅法師自歌合跋　同
細川右京太夫自歌合跋　同
中原遠忠自歌合跋　同
慰参議基綱卿失妻余哀和歌序　同
きぬかつき日記跋　同
名香合跋　同

住よし紀行　同
答資直卿和歌序　同

巻第二十五（五十三葉）

快祐法師七回忌和歌序　藤原公夏
世諺問答跋　藤原兼冬
秘抄序　藤原公條
七十賀和歌序　同
三塔巡礼記　同
高野山参詣記　同
石山月見記　同
武蔵野紀行　平氏康

巻第二十六（六十六葉）

永禄歌合跋　藤原資定
妻をいためる和歌序　同
桂林集序　藤原実枝
百首和歌序　同

心珠詠藻序　同
清見の記　同
称名院右府七十賀記　藤原稙通
長源院をいためる辞　同
＊嵯峨記　同
雅春卿をいためる辞　釈道澄
昌叱をいためる和歌序　同
光源院贈左府追善三十一字和歌序　釈義俊
から崎の松の記　尊朝法親王
九州みちの記　源藤孝
闕疑抄跋　同
＊夢想記　同

巻第二十七（六十四葉）

岷江入楚序　源通勝
さゝ枕　同
贈左大臣義晴公をいためる辞　藤原前久

贈太政大臣信長公をいためる辞　同
准后道澄法親王をいためる和歌序　藤原信尹
太陽院准后をいためる辞　同
東求院准后をいためる辞　同
藤原元清をいためる辞　同
かやくき　藤原粛
夕顔巷辞　同
代賀豊州挽辞　同
与賀古宗隆辞　同
又　同
恕仙法師を悼る辞　同
陽光院三十三回御忌追善の辞　興意法親王
後陽成天皇升遐の記　平時慶
式部卿智仁親王を悼る和歌序　好仁親王
巻第二十八（七十二葉）
日光山紀行　藤原光広

後陽成天皇をいたみ奉る辞　同
道の記　同
春の曙　同
はなミの記　同
式部卿智仁親王をいたミ奉る和歌序　同
医師浄珍かいたミの辞　同
三嶋明神に法華経を納奉る和歌序　同
浅間の記　同
万里江山石記　同
あた物語跋　同
目さまし草跋　同
百椿図序　同
後鳥羽天皇四百年御忌御廟参詣記　藤原氏成
後陽成天皇をいたミ奉る辞　同
式部卿智仁親王をいためる和歌序　良恕法親王
同　藤原実顕

巻第二十九上（四十九葉）

東山々家記　豊臣勝俊
朝ほらけ　同
西山々家記　同
＊さか衣　同
春の山ふミ　同
大井川逍遥記　同
九州の道の記　同

巻第二十九中（五十二葉）

はしめてあつまにいきける道の記　豊臣勝俊
吾妻の道の記　同
叡山にまうてし辞　同
花山のこと葉　同
ぬすみて木を植る詞　同
妙寿院につかはす詞　同
稲葉内匠につかはす詞　同

松平越中守につかはす詞　同
那波道円につかはす詞　同
道春法師にこたふる詞　同
佐川田の何かしにつかはす詞　同
妙寿院餞別　同
春日の御つほねの餞別　同
永喜法師餞別　同
正意法橋餞別　同

巻第二十九下（六十五葉）

賀古宗隆餞別　豊臣勝俊
道円餞別　同
後陽成院崩御をいたミ奉ること葉　同
祖母の思ひにはへりける時のこと葉　同
父二位法印をおもひに侍る時の言葉　同
妙寿院をいためる辞　同
玄旨法印をいためる辞　同

稲葉丹後守をいためる辞　同
林叔勝をいためる辞　同
うな井松　同
はまのまさこ　同
きならし衣　同
なにはのこと　同
辞世　同

巻第三十（五十八葉）

娘をいためる辞　藤原幸家
肥後少将をいためる辞　藤原為景
惺窩文集序　同
於長嘯亭催花宴和歌序　同
奉納菅廟詩歌序　同
報源光圀詩歌序　同
又　同
九月十三日夜和歌序　同

日光山法華八講記　同
仙洞御色紙記　同
八瀬詞　同
嵯峨遊覧記　同
成元餞別記　同
関東海道記　源通村
前の相公を悼る和歌序　同
友をいためる和歌序　同
宇治興聖禅寺記　同

以上の構成（他に目録と作者系図がある）をみると、大体年代順に、しかも序跋が多く長文の物語や随筆は収められてゐないことは明かである。ただ、巻第一は和歌集の序文のみであるから、その中では年代順となるが、「古万葉集序」と「新葉和歌集序」を除けば勅撰集であり、勅撰集の序文がすべて収録されてゐることになる。「古万葉集序」が偽作であることは光圀も後に知つたが、刊行時の削除には間に合はなかつたため現行の木版本には収録されてゐる。その事情については安藤年山の『年山紀聞』や吉田活堂の『歴代和歌勅撰考』の言及によつて窺ふことができる。この三十三冊（巻数は三十）の分量は様々ではあるが（三十四〜九十四葉）、各々六十葉前後から七十葉前後の巻が多い。巻第四・五・十九のみが一部一巻構成であり、それ以外の同一人物の巻は八・十四・十七・二十一・二十四・二十九となる。十四は上下二冊、二十九は上中下三冊に分冊されてゐるのは、それだけ多くの文章が収録された結果である。従つて、ある程度の分量になれば同一人物が一巻に収録されたことになるから、その辺に分量の差が生じる理由をみることができよう。

次に具体的に構成の特徴を指摘してみよう。

1、分量からみて最大は「紫式部日記」の八十六葉であり、これを基準とすればこれ以上の分量を持つ文章は省かれたといふことになる。

2、ある程度の分量を持つ日記、例へば「土佐日記」「紫式部日記」「和泉式部日記」「さらしなの日記」「いさよひの記」（十六夜日記）の日記類（さらに中世にも及ぶ）は収録されてゐるが、物語類（例へば「竹取物語」「伊勢物語」「源氏物語」「栄花物語」等）は収録されてゐない。

3、紀行文、例へば「熊野紀行」「東関紀行」「冨士紀行」等（「いさよひの記」も紀行文といへるが、さらに参詣記や行幸記も含めてよい）は収録されてゐるが、随筆類は「方丈記」を例外とすれば収録されてゐない（例へば「枕草子」「徒然草」等）

4、歌論書・史論書・軍記及び研究書等は収録されてゐない。

5、文章の収録を目的としてゐるから、当然の結果として歌集や歌合等（序跋そのものは文章であるから除く）は収録されてゐない。

以上の特徴を念頭において、いくつかの未収録和文を検討してみよう。まづ物語類であるが、これは創作であり、小説であるから収録の目的とは異なるからであらう。それは4の歌論（例へば「後鳥羽院御口伝」「無名抄」「古来風体抄」等）・史書（例へば「神皇正統記」「愚管抄」等、いはゆる四鏡も含めてよい）・軍記（例へば「平家物語」や「承久記」等）も同様に目的が異なるから省かれてゐるのであらう。分量に関して補足しておくと「神皇正統記」は後にふれる「椿葉記」の六倍強に当たる（『群書類従』で比較）。研究書では源氏物語の研究として知られる「花鳥余情」や評論として名高い「無名草子」等が該当するし、また4には「御伽草子」も含めてよいであらう。「蜻蛉日記」は「さらしなの記」や「いさよひの記」が収録されてゐるところからみると不思議であるが、分量がその障害となつてゐるのであらう。最も分量の多い「紫式部日記」の二倍以上に相当するからである。同様のことは随筆の場合にもいへることであり、「枕草子」や「徒然草」は収録の「方丈記」よりも圧倒的に分量が多いからである。しかしながら、分量が多いものでも序跋を収録した場合（例へば枕草子跋や発心集序）もみられるから必ずしも軽視したとはいへないであらう。

次に『群書類従』との関係であるが、後世になつて編集された『群書類従』が先に成立した『扶桑拾葉集』を参照することがあつても当然といへるが、少なくとも校訂に当たつてその価値を認めた結果であることは認められてよいと思はれる（『扶桑拾葉集』のみが参照された場合もみられる）。

大体の特徴は以上であるが、もう一つ注目しなければならないことがある。それは最も分量が少ない巻第十九と巻第二十四についてである。ともに三十四葉で同一人物の文章を収録してゐるが、巻第十九は後崇光院の「椿葉記」のみ、巻第二十四は藤原（三条西）実隆の和文十編が収録されてゐる。巻第二十四は次の巻第二十五が五十三葉、前の巻第二十三が四十一葉であるところから平均化が図られてもよいと思はれるが、さうならなかつたのは間に同一人物の文章をまとめたからであらう。同一人物の文章をまとめて収録するのは他の巻（例へば分割した巻はいふまでもないが巻第十七や巻第二十二）にもみられるからである。従つて、一人一部から成る巻第十九は特殊な構成であると考へられるのである。次に節を改めて巻第十九について検討してみよう。

二　巻第十九「椿葉記」について

巻第十九が収めるのは後崇光院の「椿葉記」である。すでに述べたやうに他に一巻一部構成は巻四と巻五があるが、分量は巻四の半分にも満たないのであるからこの点からも特別な意味が込められてゐると解してよいと思はれる。それでは「椿葉記」とはいかなる書物なのであらうか。それは伏見宮貞成《さだふさ》親王（後崇光院）の著作であり、崇光院流の盛衰興廃の顛末を記し、親王の第一皇子であつて時の後花園天皇に奏上されたものである。後花園天皇は後小松天皇の猶子として皇統を継がれるが、それは後小松天皇の後第一皇子たる称光天皇が皇子なきまま崩ぜられたからである。従つて、光厳天皇後の持明院統は崇光院流と後光厳院流に二分されてゐたが、後光厳院流から崇光院流へと皇統が移つてきたといふことにならう（伏見上皇が富仁親王――後の花園天皇、後伏見天皇の弟――を後伏見天皇の猶子として皇太子に立てられたのは持明院統の分裂を避けるためであつたといはれる。岩橋小弥太氏『花園天皇』及び『国史大辞典』花園天皇の項参照）。まづ、この皇位の流れを押さへておく必要があるのである。それは、以下に述べる「椿葉記」の内容を理解するのに必要欠くべからざる要件であるからである。

そこで「椿葉記」の内容であるが、村田正志氏の解説（同氏著作集第四巻）によつて述べることとしよう。「椿葉記」は「持明院統嫡流たる崇光院流の盛衰興廃の史実を主要なる記事とした書であ」（六八ページ）り、大きく五分される。

第一は、全体の三分の二を占める分量であり、崇光院の廃位から後花園院の元服に至る崇光院流再興の顛末であるが、村田氏の解説の中から重要な箇所を摘記しておかう。

①崇光院は光厳院の第一皇子であり、従つてその御子孫は皇位を継承せらるべきであつたにかゝはらず、同院廃位の後には御弟後光厳院が践祚せられ、爾後その御子孫が皇位をうけつがれて行つた。而して崇光院は南山より御帰還の後、皇子栄仁親王の登極につき運動のことから、後光厳院流と深い御不和となり、不遇の裡に応永五年正月十三日崩御せられた。（六九ページ）

②併し最も重大なる原因（梶山註、崇光院流が御運を開かるゝに至つた経過の）は後小松院の皇子

称光院の御後嗣となるべき皇男子がなく、後光厳院流の御血統が断絶の形勢となり、これを危懼せられた後小松院が、皇統を存続せしむる思召から、次第に伏見宮御一流に望みをかけらるゝに至つたところに存したのである（七〇ページ）。

③小川宮（梶山註、称光院の皇弟）が亡くなられた後、後小松院は皇統の存続に関し、伏見宮に深く期せらるゝやうになつた。応永三十二年四月、後円融院三十三回聖忌のための経巻書写に際し、貞成王が親王宣下を請はるゝや、後小松院はこれを聴許せられ、やがて皇嗣にも擬せられる御意であつたやうである。然るにこれが称光院の逆鱗にあひ、貞成親王は遂に出家せられ、道欽と号せられた。しかし其後称光院の御悩が再発するに及び、後小松院は更めて貞成親王第一皇子彦仁王に期待せられること〻なつた（七二ページ）。

第二は貞成親王が太上天皇尊号拝受の希望を吐露されたものであり、重要な解説は次の箇所である。

満済准后日記・建内記等によれば、当時後小松院は、貞成親王と後花園院との御父子の関係を絶たしめ、後花園院を恰も御自身の御実子の如き思召にて迎へ、以て後光厳院流の存続を期せられたのであつた。然るに伏見宮の貞成親王は、内心強くこれに反対せられ、後花園院の皇位継承は崇光院流の再興であり、御自身は今上の御実父なりとの見解を固持せられたのである。そこで親王は後小松院に憚りつゝも、なほ今上の御実父として御自身に太上天皇の尊号の宣下せらるべき道理を、椿葉記中に切言せられた次第である（七三ページ、傍線は梶山）。

第三は後花園天皇に対する君徳涵養に関するもの、第四は本書「椿葉記」の作成奏上に関するもの、第五は追記で後小松院の崩御後に関する記事となつてゐる。

次に「椿葉記」の価値であるが、村田氏は一に「歴史学上の資料《ママ》」としての価値、二に文学史上における価値の両面を指摘されてゐる。前者に関しては左の評価である。

> 北朝の皇統は光厳院の後、崇光・後光厳両院の二流に分れた。この皇統の分裂は、迭立時代における持明院・大覚寺両統の紛争、両立時代における南北両朝の抗争の如き重大なる社会事件を惹起するに至らなかつたとはいへ、隠微の間に頗る深刻なる対立を生じ、崇光院流が正平に於ける南朝一統の後頓に沈淪せられて、後花園院に至つて再び御運を開かれたといふことは、御一流にとつて実に重大問題であつた。皇統に伴ふ御領相伝に関する問題も亦同様である。かくの如き崇光院流の廃興の歴史と、これに対処せられた御一流代々の御感懐は、同御流に属せらるゝ御方でなくては、よくその間の機微を叙し得るものではない。貞成親王は実にこの歴史上の中心人物としてこれを叙するに最も適した御方であつた。従つて貞成親王によつて記述せられた椿葉記が、崇光院流再興に関する史書として、最も信頼すべき史料的価値の高い所以である。
>
> （一一三ページ、傍線は梶山）

後者に関しては『看聞御記』永享四年卯月三日と五日及び六月十七日の条の引用の後に、次のやうな評価を下されてゐる。

この記事によると、永享四年四月貞成親王は後花園院の仰を受けて、家蔵する増鏡一部の書写をはじめ、同年六月十七日これを完了して進上せられたのである。前田家には此時親王が書写せられた増鏡二十帖原本が現存してゐる。正統廃興記を椿葉記と改名せられた典拠も、古今著聞集或は増鏡中の記事に基くことは既に述べた通りであり、貞成親王が増鏡に親しまれたことは推測に難くないのである。椿葉記が増鏡を模倣したと必ずしも称し難いことは、その記事の内容や構成の上からも明かである。しかし椿葉記執筆の時期と増鏡書写の時期とを考慮し、両書の文章を読み較べる時、貞成親王は増鏡の文を心に浮べつゝ、椿葉記をつゞられたのではあるまいかと想像せらるゝのである。かくして今日見る如き実用を超ゆる品格ある椿葉記一部が作成せられたものと思ふ。従つて椿葉記は単なる史書、或は教訓書たるにとゞまらず、これを室町時代初期に於ける上流公家社会の代表的文学作品と考へて然るべきであらうと思ふのである。

（一一四・一一五ページ、傍線は梶山）

「歴史学上の資料」としては『大日本史』後小松天皇紀上下においても「椿葉記」が註記としてみえるから参照されたことは明らかである。以上に村田氏の解説を長々と引用したのはこれらの箇所に「椿葉記」の性格を窺ふことができると思はれるからである。それは「椿葉記」が北朝正統を主題としたのではなく崇光院流の再興を述べた著述であり（書き出しは崇光院の廃位からであり、両統迭立時からではないことも考慮に入れてよい）、文学的にも優れた作品であると要約できよう。しかも、即位された訳ではないけれども、太上天皇の尊号を贈られ、父として後花園天皇の教導に努められた後崇光院に対する光圀の思ひ（尊王思想と言ひ換へてもよい）の顕現とすることができよう。ここに私は巻第十九の成立の事情をみることができるのではないかと思ふ。

なほ、ついでながら『扶桑拾葉集』所収本はその伝来が不明であるが、『群書類従』所収本と比べると文字遣ひにかなりの相違がみられる。類従本は拾葉集本によつても校訂されてゐるが、村田氏によれば拾葉集本にも優れた箇所があるとのことである（一〇〇ページ）。さらに付け加へると、伏見宮家を相続された後崇光院は『看聞御記』で知られ、その後四代目が邦輔親王であり、その庶子が安藤朴翁（抱琴・年山兄弟の父）が仕へた邦茂王（長松軒）となる。

三　巻第十三所収の御願書について

巻第十三には後伏見天皇の「石清水御願書」と「賀茂社御願書」が収録されてゐるので、次にこれを検討してみよう。この二つの願書はともに『群書類従』にも収められ、拾葉集本によつて校訂されてゐる。巻第十三（九十三葉）はその前の第十二より僅かに一葉少ないだけであるから、最も分量の多い巻の一つと考へてよいであらう。しかも、収録の作者は他巻と比較しても特異である（一節参照）。この巻の大部分は「中務内侍日記」で占められ、この日記のみで一巻が構成されてもよいくらゐである。しかし、さうならなかつたのは年代上の配慮と南北両朝の天皇と親王及び足利将軍をまとめた結果であらう。後伏見天皇が三部収録されてゐるのは文章が多く残存してゐたからであらうし、また南朝側が後醍醐天皇と宗良親王のみであるのは史料が少なかつたからに相違あるまいし（少なかつたからこそ李花集から六部を収録してゐるのであらう）、巻末の源義詮「すみよし詣」は和歌をちりばめた短文であつて、これまた文学的見地から選定されたものと思はれる。

さて、中務内侍（藤原経子）は伏見院に仕へた女房で歌人としても知られてをり、日記は鎌倉末期の代表的文学として位置づけることができよう（なほ、彰考館文庫所蔵の日記は国文学史上の善本として珍重、陰影本も刊行されてゐる）。また、日記と同様にこの二願書も文学的観点から収録の事情を探ることができると思はれる。以下に少しく言及してみたいと思ふ。

まづ、「石清水御願書」であるが、この願書は今日『鎌倉遺文』第三十六巻に収録（二七八七二の後伏見上皇筆願文案）されてをり容易に確認できる。拾葉集収録文では三箇所に異同がみられるが（そは→そ王、そハをんわ→そ王先王、そハおんわ→そ王せん王であるが、「は」は「わ」、「わ」は「王」の誤写かもしれない）、類従収録文（石清水宮御願書）ではそのうちの二箇所に註が施されてゐるけれども他は拾葉集収録文と同様である。遺文収録文は「山城廬山寺文書」によつてゐる。類従収録本の原本が何によつたのか不明であるが、拾葉集と廬山寺所蔵原書影写によつて校合されてゐる。類従収録本は、おそらく異本として掲げた二箇所は廬山寺文書によつて校合したと思はれるが、何故か本文としては採用されてゐない。他の一箇所は遺文収録文と同じであるから、拾葉集・類従・遺文に収録の文はそれぞれ原本を異にするといふことにならう（誤写の可能性を考慮すれば必ずしも異本としなくてもよいであらう）。内容は元亨元年に量仁《かずひと》親王（後の光厳天皇）の立坊を祈願したものであり（この時点で後醍醐天皇践祚、邦良親王立太子は決定されてをり、その次の皇太子に量仁親王が予定されてゐた。ただ、後伏見上皇は花園天皇の後に量仁親王の即位を期待されてゐたらしい。岩橋小弥太氏『花園天皇』参照）、「賀茂社御願書」は『鎌倉遺文』にみえてゐないが嘉暦三年に皇太子となつてゐた量仁親王の即位を祈願してゐる。石清水宮や賀茂社に祈願することは当時一般的になされてゐたことであつて『鎌倉遺文』には祈願文が散見する（『神皇正統記』も参照）。ただ、和文としては譲状・売券・寄進状等が若干収録されてゐるのみで文学的に優れた文章はみえず、この「石清水御願書」が唯一といつて差し支へないのである。従つて、短文ではあるが「椿葉記」と同様に優れた文章として認められるのである。それは、願書の次に「御子に贈給ふ古今集跋」といふ文章が収められてゐることによつても窺へるであらう。それは左のやうな短い一文である。

元亨第二のとし仲呂かみの七日、そのかミ書うつし侍し古今集を、亀のおの蓬の嶋に求め出て、鳥のあとの芝の砌に残れるをあはれみ、雨の中のつれくを簾の外になかめ暮し、時代につけてかハりゆく墨筆のゆくゑ、むかしをこひ今をうれへ、よるの鶴の子をおもふまとひ、春のすゝめのひなをひく心々さかしをろかなるいきとしいける、いつれかまよはさるへき、此ことハりあるをや、しかあるを、夏の夜のみしかき心にのハへつくしかたく、あまのたくなはなかきそしりのか

れ侍らめやも

かハり行時よにつけてしられけりいにしへ今のふてのすさみは
ことの葉ハちりうせすともをのつからあはれと忍ふ人やなからん
このうちに夜な〳〵つるのおもひはのおひてはいと、まよふやみかな

文中「仲呂」は四月のことであるが、願書と同様に優れた和文といへるのではなからうか。いづれにしても、後伏見天皇の和文には豊かな文学性を認めることができると思ふ。

なほ、蛇足ながら『大日本史』後伏見天皇紀の「元亨元年十月に至り、上皇、石清水宮に祈りて、皇子量仁親王を以て東宮に居かんとす。嘉暦元年、量仁、立ちて皇太子となる。上皇、又賀茂社に祈るに、皇太子早く大統を承けんことを以てす」といふ箇所に「後伏見帝御願書」と註記してゐることを指摘しておかう。

四　一人一巻の巻について

ここで取り上げようとするのは、藤原良基・経嗣・兼良・実隆及び豊臣勝俊の文章が収録されてゐる巻についてである。この五名は中世以降では一人一巻で構成されてをり『扶桑拾葉集』が重視した人物と考へられるからである。特に良基・経嗣・兼良・実隆の四名は中世を代表する歌人であり教養人であるとするのに異論はあるまい。良基は二条良基のことで、南北朝時代随一の教養人であり、そ

の文学活動の後世への影響は極めて大きい。経嗣は良基の三男で一条経通の養子となつた人物で父の文学的素質を継承してゐる。兼良は経嗣の二男で和漢の才に恵まれ多くの著作をものしてをり、和学の祖として位置づけられてゐる。従つて、近世からみてこの二条家流の三代が文学的中枢として捉へられたとしても怪しむに足りないであらう。また、実隆は三条西実隆のことで、宗祇から古今伝授を受け、和学の最高権威として文学界に君臨した人物といへよう（兼良と実隆については人物叢書を参照。なほ、吉田活堂が『歴代和歌勅撰考』巻之一に「此のさよのねざめを、扶桑拾葉集、年山紀聞などの、良基公とあるは誤りなり」と述べてゐるやうに拾葉集には誤りもあるがここでは考慮しないでおく）。豊臣勝俊は木下長嘯子のことで、近世初期の文壇を松永貞徳と二分する地位を占める人物である。この五名を業績からみると、それぞれが一巻を構成してゐることには十分な理由が認められるといふことである。

また、巻第十八の藤原雅縁は飛鳥井氏で歌人として足利将軍家の師範を勤めた家柄であり、その子雅世と孫雅親が巻第二十に収録されてゐることは、二条家流と併せて中世の文学が家学として継承されてゐる実際を物語るものであらうし、そこに『扶桑拾葉集』の注目を窺ふこともできよう。

五　「新葉和歌集」序の収録について

目録から明かなやうに木版本『扶桑拾葉集』巻第一に「新葉和歌集」の序が収録されてゐるが、この事実を光圀の南朝正統論の自覚といふ観点から考察されたのは松本純郎氏であつた（『水戸学の源流』）。松本氏は『扶桑拾葉集』の完成が延宝六年であり、二年後に献上され、その献上の後に「新葉和歌集」の序が挿入されたことを往復書案の検討から明らかにし、さらにこの序の挿入を九年六月二十一日以後であるとされ、それは献上後に南朝正統の自覚が生じた結果（あるいはその兆し）だと考証されたのである。ところが、近年吉田俊純氏によつてこの見解は『扶桑拾葉集』の構成全体を考慮に入れないところからくるものとして否定されてゐるのである（「はじめに」に指摘した二論文）。以下には、この問題を考へてみよう。

目録及びこれまでの言及によつて『扶桑拾葉集』に北朝関係の文章が多く、しかも南朝関係（後醍醐天皇と宗良親王のみ）を圧倒してゐるのは事実である。しかし、そのことが直ちに北朝正統を認めることには繋がらないと思はれる。それは、すでに言及してきたやうにそれぞれの文章は国文学的観点からみても優れたものであり、南北朝統一といふ歴史的事実をみればその後京都で活躍した人物の文章が多く収録されるのは当然のことであるからである。いふまでもなく収録文以外にも優れた、あるいはより優れた文章はあるであらう。それらが入つてゐないことは一節にみたやうに『扶桑拾葉集』の構成をみれば明かである。『扶桑拾葉集』は我が国の優れた和文全部を、しかも収集可能な全部を収録しようとした訳ではないからであり、またたかだか三十巻に収めることは不可能だからである。

さて、松本氏の見解で重要な点は一旦完成し、朝廷への献上を成し遂げた後で「新葉和歌集」の序が挿入されたといふことである。献上されたものが序文を除いて大差ないものとすれば北朝関係（後伏見天皇の御願書・椿葉記・二条良基等の文章）が多く含まれてゐるのは至極当然であり、いな国文学史上はむしろさうあるべきなのである。かへつて、『扶桑拾葉集』には当時の国文学史上の重要人物の文章を網羅してゐるといへるのであつて（いふまでもなく三十巻といふ枠の中では）、近世前期の和文集として評価されるべきなのである。松本氏はさういふ和文に加へて「新葉和歌集」の序が挿入された意義を南朝正統の自覚といふ点に求められたのである。あるいは南朝正統の自覚については更なる検討が必要かもしれないが、光圀の自覚をこの点から考察されたことには十分の評価がなされてしかるべきであらう。それは光圀の他の事績（建碑による楠木正成の顕彰等、何よりも『大日本史』の構成）からしても南朝に対する思ひ入れをみることができるからである。また、巻第一は勅撰和歌集の序を中心とする巻であるから、そこには「新葉和歌集」の意義もおのづから浮かび上がつてくるのではなからうか。これに関して後年のことではあるが、吉田活堂は『歴代和歌勅撰考』巻之五に次のやうな見解を述べてゐる。

かくて、此の事を、此れに入れたる事は、まづむかし、我が西山の贈大納言の君、扶桑拾葉集をあつめられける時、新葉集を勅撰に准らへられたるに依つて、これを代々の撰集の数に加へて、拾葉集第一巻、風雅集序の次に載せ給へりしを、後西院の天皇、これが名を、扶桑拾葉集と給はりて、勅撰に准らふべきのよし、仰せ下されたりき。さるは、大日本史に、南朝を正統と立て給へると、この新葉集を勅撰の中に入れ給へるとは、やがておなじ趣なるを、後西院の天皇より、勅撰に准らふべき詔あり。しからばやがて詔して、新葉集を勅撰の中に入れさせ給へると、同じ義にぞありける。されば、今も拾葉集の次第によて、此の集を此れに載するものぞ。

（『校註国歌大系』第四巻八二一ページ）

活堂の理解としては「新葉和歌集」が勅撰集に准じられたことに光圀の南朝正統思想をみてゐることが窺へるのである。なほ、『歴代和歌勅撰考』における各和歌集の成立時期についての記載を掲げると左のやうになる（関係部分のみ、括弧は二行書部分）。

続後撰和歌集　後嵯峨院御代（後深草院御在位勅撰次第）
続古今和歌集　後嵯峨院御代（亀山院御在位勅撰次第）
続拾遺和歌集　亀山院御代（後宇多院御在位勅撰次第）
新後撰和歌集　後宇多院御代（後二条院御在位勅撰次第）
玉葉和歌集　伏見院御代（花園院御在位勅撰次第・略）
続千載和歌集　後宇多院御代（後醍醐院御在位次第）
続後拾遺和歌集　後醍醐院御在位（次第）
風雅和歌集　花園院御代（光明院御在位次第）

新千載和歌集　　北朝後光厳院御在位
新葉和歌集　　後亀山御宇
新拾遺和歌集　　北朝後光厳院御在位

「新葉和歌集」の「後亀山御宇」は長慶天皇の誤りであるが（『大日本史』による考察と思はれる）、全体に院を中心に記載してゐる。注目すべきは「新千載」と「新拾遺」に北朝と記述されてゐることであるが、先の引用と併せてみると活堂は南朝正統論者と判断される（その他拙著『水戸の国学――吉田活堂を中心として――』参照）。また、この二集は南朝の歌人を排除してゐるけれども活堂は勅撰集として尊重し、北朝年号もそのまま引用してゐるのであるが、ともかくもこのやうな記載法は国文学史上の慣例として認められてよいであらう。

六　国文学史における『扶桑拾葉集』の価値

今日『扶桑拾葉集』は如何なる価値を持つてゐるのであらうか。私は国文学史においてその価値を見出すべきであると考へてゐるので少しく言及してみたいと思ふ。例へば『国史大辞典』では「当時の古文研究に便益を与えた功績は大きい」と研究史上の役割を評価してゐるが、注目すべき報告は『立教大学日本文学』第十一号所載「扶桑拾葉集伝本書目」である（副題に「付　異本・続集・八洲文藻及び類編纂本伝書目」とあり、井上宗雄、平山城児、小内一明、松原正子の四氏による共同研究。

秋山一実氏の御提供による)。この報告は共同研究の中間報告とでもいふべきものではあるが、名越氏の「『扶桑拾葉集』と徳川光圀の思想」にもふれてをり、「群書類従の刊行に先立つ百余年前にこの叢書が刊行された事は、古文研究に多大の便宜を与えた事であろう」との基本的認識のもとに研究を進められてゐる。報告は大きく『扶桑拾葉集』及び『八洲文藻』の流布本と異本の書目、類編本の書目にわかれるが、流布本に関する調査の結論にまづは注目しよう。

流布本系所収の作品は、その後群書類従等の叢書類に収められたりして現在は殆ど活字本で見られるが、中世以後の作品ではこれにのみあるものも多い。慶運「骸骨の絵の賛」・範政「源氏物語提要序」・長親「七百番歌合　序」・正徹「寄花述懐和歌序」以下、時代が下るに従って多くなる。また正徹の「なぐさめ草」のように類従本は扶桑拾葉集本を底本にした場合も頗る多いのである。その他扶桑拾葉集本が唯一の校合本であった場合も多く、類従所収本で、この集にも所収の場合、一応それを考慮する必要がある。

要するに、『扶桑拾葉集』でしか伝へられてゐないものがあることや類従本の場合は拾葉集の検討が必要であることを確認しておかう。

次に類編本についてであるが、ここでは直接の関係は不明ではあるが『扶桑拾葉集』を意識して編集されたものについての調査結果が述べられてゐる。言及されてゐるのは「扶桑残玉集」「拾遺後葉集」「文の栞」「和文纂」「扶桑残葉集」「今古残葉」の六部であるが、「扶桑残玉集」には「扶桑拾葉集序」も収められてゐる。これらは八冊から百冊とその分量も様々であるが、『扶桑拾葉集』の影響として考へることはできよう。『日本文学大辞典』（新潮社）に参考として「今古残葉」と「扶桑残葉集」がみえてゐるのも同様のこととしてよいであらう。

『日本古典文学大辞典』（岩波書店）の項は井上宗雄氏の執筆であるが、価値を論じた次の箇所は今日最もよく『扶桑拾葉集』を位置づけてゐると思はれる（『日本古典籍書誌学辞典』でも同様の評価である）。

本叢書に収められたものは、その後、『群書類従』に入ったり、他の伝本が見出されたりして珍しいものは少なくなったが、なお稀本や現行流布本の祖本も少なからずある。たとえば、巻九の『正治奏状』（藤原俊成。稀本）、巻十三の『中務内侍日記』（善本）、巻二十二の『寄花述懐和歌序』（正徹。孤本）、『なぐさめ草』（正徹。群書類従本底本）等である。序・跋などは作品の一部であるが、日記や紀行などは全文を収めており、『群書類従』刊行の百年余も前にこの叢書が刊行されたことは、古文研究に大きな便益を与えた。また、『扶桑残玉集』など類纂本も多く成立した。

さて、翻刻に関して一例を紹介しておかう。『扶桑拾葉集』巻第二十一に「ねさめの記序」（作者は藤原兼良とみえるが、今日では疑問とされてゐる）が収録されてゐるが、この底本と推定される写本「寝覚記」一冊が彰考館文庫に存在する。この「寝覚記」が村田秋男氏によつて翻刻されてゐるのである（『古典文庫』四一一、推定は村田氏による）。「寝覚記」は近世の刊行本が多く存在し、最も早いのは承応二年であるから拾葉集編集の参考に成り得たはずである。しかし、拾葉集収録の序はこれらの刊行本ではなく別の写本によつたのである（ただ、村田氏は刊行本がこの写本を底本としたものと考へられてゐるが、この場合でもここでの主旨を妨げるものではない）。また、村田氏は国会図書館蔵の無刊記本を紹介するなかで、この序文が「彰考館本には及ばない」と報告されてゐるのである（『古典文庫』一八四ページ）。さうすると流布してゐた刊行本ではなく、他の写本を求めて（すでに架蔵してゐたかもしれないが）それを底本としたことには十分な意義を認めねばならないし、村田氏による翻刻の意義もそこにあると思はれる。

なほ、『中世日記紀行集』（新日本古典文学大系・岩波書店）収録の「都のつと」と「小島のくちずさみ」が『扶桑拾葉集』所収本を底本として採用してゐることも今日における価値の一斑を証明するであらうし（吉田氏は「都のつと」のみを註記されてゐるが）、『扶桑拾葉集』の再発見といふことができよう。

をはりに

以上によつて『扶桑拾葉集』の構成と価値に関する大体を述べ終へた。光圀が若き日より古典に親しみその収集を心がけてをり、文学的観点から和文の価値判断を可能にする十分な力量を有してゐたことは認められるところであるから、本論の趣旨もここに立脚する。

最後に光圀が本集に託した思ひを推察してみよう。光圀が『扶桑拾葉集』の編集に当たつて年来収集しつつあつたものを中心としつつ、当代随一の人物の文章を収録しようと努めたことは疑ひの余地がないであらう。そして、その流布を期待したことも伊達綱村宛の書簡によつて明らかであるが（但野正弘氏『水戸史学』第四十一号所載「伊達綱村宛義公書簡の真偽について」及び同第五十一号所載「義公研究に関する論考に思ふ」参照）、その後鹿島神宮や香取神宮等への奉納も行はれてゐる（『水戸紀年』宝永七年の条に「今年扶桑拾葉集ヲ諸邦ノ宮社等ニ蔵メ玉フ」とあり、『水戸義公全集』下所収書簡二八五に「下官編集之扶桑拾葉集一部進入候、惣而古跡へ者相納、後世迄残置申度念願候」とみえてゐる）。それは本集に込められた思ひが、流布によつてより達成されると考へられたからであらう。『扶桑拾葉集』は三十巻の和文集にすぎないが、吉田俊純氏も認められるやうにこの三十巻に編纂の目的が込められてゐる（達成できる）と考へるべきであらう。その目的とは尊王心の由来を明らかにするとともに光圀自身の尊王精神を発露することであり、その表明であるだらう。近世前期の和文集としては破格の存在であり、それが光圀の編集であるといふ点において『扶桑拾葉集』は後世に大きな役割を果たしたといへるのではなからうか。

また今日、収録の和文には書誌学や本文校訂の面からみれば未熟な点は認めねばならないが、それでさへも一概に価値なしとすることはできないであらう。それは「土佐日記」にみられるやうに本文校訂が厳格になされ復元が完了してゐる今日からすれば、不備であることはやむを得ないと思はれるからである。しかしながら、研究史上の役割には必ずや考慮しなければならない点もみられるのであるから（例へば第三章・第四章参照。また、底本としての採用もみられる）、国文学研究史的には顧みられることがあつてもよいと思ふ。それは『扶桑拾葉集』が南北朝正閏論争のやうな純史学的な側面のみから論ずることには十分な配慮がなされるべきであることをも意味してゐよう。さらにいへば、続編や註釈の試みがなされてゐることに古典観や「水戸の国学」の展開の一端をみることが可能であらうし、余光とすることもできよう。

かくして、私は『扶桑拾葉集』に更なる意義を見出すべきであると考察するのである。

補註

村松友次氏によつて『古典文庫』五八三に拾葉集本「都のつと」が翻刻されてゐるが、その解説において氏は芭蕉の『奥の細道』との関連で拾葉集本の役割を論じられてゐる。仮説ではあるが、近世国文学史上における位置付けとして注目に値する指摘といふことができよう。なほ、平成十三年刊行の「『おくのほそ道』の想像力」は更にその論を展開されたものである。

第九章　『扶桑拾葉集』収録の「中務内侍日記」について

はじめに

義公光圀によつて編集された『扶桑拾葉集』については前章に若干の考察を加へたのではあるが、本章では第十三巻冒頭に収められてゐる「中務内侍日記」について言及し、『扶桑拾葉集』の価値を再確認する手だてとしたいと思ふ。分量からみれば、巻十三のほとんどをこの日記で占め一巻としてもよいくらゐであるが、この日記の国文学的価値については多くの業績がみられるからそれらに譲ることとして、以下の言及では巻十三所収本の価値を主として書誌学的観点から『群書類従』所収本や彰考館所蔵写本と比較しながら探つてみたいと思ふ。

一　『群書類従』所収本との比較

『群書類従』巻第三百二十四（日記部五）にこの日記は収められてゐるが、末尾に「右中務内侍日記以扶桑拾葉集校合」とみえる（現行の刊行本による）。従つて、何らかの写本を得てそれを拾葉集本と校合した訳であるから拾葉集本と類似するのは当然ともいへる。玉井幸助博士はその註釈をされる際に類従本を底本として採用されたのであるが、その根拠は明示されてゐない。ただ、

群書類従本は奥書に「右中務内侍日記、以扶桑拾葉集校合」とあるが、いま両本を比較してみると、ほとんど同一であり、ただ拾葉集本には仮名書きが多く、類従本はそれが漢字になっているところが多い。

とされ、続いて、

要するに以上の六本いずれも大同小異であり、特に異本と認められるものはない。ただ語句の異同を精査すると、群書類従本が他の五本に対してやや異なっているように見える。つまり他の五本、特に彰考館本・神宮文庫本・青谿書屋本・扶桑拾葉集本の四本は密接に類似して群書類従本と対立する。そしてこの四本中、彰考館本が最も古い形を示すものと思われる。

(玉井幸助博士『中務内侍日記　新注』二〇三ページ。昭和三十三年)

と述べられるのみである。玉井博士は註釈本(『中務内侍日記　新注』、以下玉井博士といへばすべて本書を指す)において「校異」の欄に彰考館本・神宮文庫本・青谿書屋本・扶桑拾葉集本を以て校訂を加へ、さらに本文を内容から八十二段に分けて詳細な註釈を施されてをり、特に段落は研究史上に大きな業績として認められてゐる。

以下の検討は、玉井博士の「校異」の結果を彰考館本と扶桑拾葉集本について確認しようとするも

のである。各段落（一〜八二）毎に両書のみの「校異」を一覧表にすると次のやうになる。玉井博士の「校異」で彰考館本と扶桑拾葉集本両方にみえる箇所の採用を○、不採用を×、彰考館本のみの採用を△、扶桑拾葉集本のみの採用（従つて類従本と同じ）を□で示してゐる。ただし、直接に両書に関係しない「校異」については省いたが、校訂の欠落（誤植による欠落等）は補つた。

一　なし（校訂箇所がないことを示す）
二　△○
三　なし
四　なし
五　△（類従本と彰考館本は同じ）
六　□（彰考館本は不採用）
七　なし
八　○○※（※は三本ともに同じで、他本または博士私見による校訂）
九　○
一〇　○×○
一一　なし
一二　※××○□

一三　○××○
一四　○○□○○
一五　○○
一六　なし
一七　○○○
一八　○
一九　なし
二〇　なし
二一　なし
二二　○
二三　○○×
二四　なし
二五　なし
二六　なし
二七　なし
二八　なし

二九	なし
三〇	○○
三一	なし
三二	なし
三三	○
三四	○
三五	○
三六	なし
三七	なし
三八	なし
三九	なし
四〇	なし
四一	なし
四二	※
四三	なし
四四	○

四五　なし
四六　○○○○
四七　○
四八　なし
四九　※
五〇　なし
五一　なし
五二　なし
五三　なし
五四　なし
五五　※
五六　なし
五七　なし
五八　なし
五九　○
六〇　×

六一	○
六二	×
六三	○
六四	なし
六五	なし
六六	なし
六七	なし
六八	なし
六九	なし
七〇	××
七一	※
七二	なし
七三	×
七四	○×
七五	×
七六	なし

七七　××○
七八　なし
七九　なし
八〇　なし
八一　×
八二　□

右に示した「校異」の六十六箇所のうち、類従本より優れてゐると判断された箇所が三十九箇所（○印）であり、さらに四箇所（□印）は拾葉集本と同じ箇所であるから合計四十三箇所が拾葉集本からの採用と考へて差し支へあるまい。また、十五箇所（×印）が不採用であつたが、これらを子細に検討すると必ずしも玉井博士の校訂が優れてゐるとは思はれない箇所がみられる。

よつて次に不採用の箇所（×印）を具体的に検討することとしよう。

一〇は歌の三句目が類従本に「くれなゐの」とあるのに対して拾葉集本では「くれなゐに」となつてゐるが、歌意に差違はあるまいと思はれる（以下、先に類従本、次に拾葉集本を指摘する）。

一二の一つ目は「うちたたけど」が「うちたたけば」となるが、数行後に「うちたたけば、たそともいひあへぬばかりにあけたれば」とみえることからすると「ば」の可能性が否定できない。二つ目は「いかがなりと」が「いかがなと」となるが、優劣は決しがたい。

一三の一つ目は「いなはにをきわたす」が「いなはにひきわたす」となるが、これも決定的ではないであらう。二つ目は「ふねうきたりし中嶋」が「ふねうきたりなかしま」となるが、「ふねうきたり、なかしま」と解すれば問題にはならない。

二三は「くみみれば」が「くみみれど」となるが、歌の一句目で歌意からすれば優劣はつけがたい。

六〇は「くわいのしるしとめづらしくや」が「くわいのしるしもめつらしとや」となるが、意味不明で判断を留保せざるをえない。

六二は「かはち」が「あはち」となるが、これは河内と淡路なのでどちらとも決めがたい。

七〇の一つ目は「ことにうるはしく」が「ことうるはしく」となるが、「こと」を事に解すれば特に不都合はないと思はれる。二つ目は「神ぞしるらん」が「神けしるらん」となるが、歌意からみて類従本がよいであらう。

七三は「御儀式」が「儀式」となるが、四六の「校異」では「還御の儀式」において類従本の御を削除し拾葉集本等によつてゐるので「御儀式」では校訂が一貫しないであらう。

七四は「おぼしいづらん」が「おぼしゆつらん」となるが、「おぼし、いづらん」とし、「といひし尼」との続きからすれば「いづらん」「ゆつらん」を尼の名と解することができよう。彰考館本では「ゆいえん」または「ゆいらん」と読める。

七五は「おもしろく嬉しくて」が「おもしろくも嬉しくて」となるが、これも優劣は決しがたい。

七七の一つ目は「ひとえだに」が「ひとえだよ」となるが、歌の三句目であり、類従本でも「よイ」と傍書してゐるからどちらとも決しがたい。二つ目は「とへとこそ」が「とへとてや」となるが、歌の三句目であり解釈はどちらも可能であらう。

八一は「思ひやらるる」が「心やらるる」となるが、歌の二句目で歌意では大きな差違は認められない。

以上のやうに「校異」の不採用箇所を検討すると、明らかに類従本が優れてゐると認めてよいのは七〇の二つ目のみであり、他はどちらとも決しがたいのが実状である。さうすると、全体を通じていへることは玉井博士の「校異」箇所のほとんどが拾葉集本によるといふことであり（いふまでもなく他の参照本と同一といふことでもあるが）、その結論として博士が底本として用ひた類従本よりも拾葉集本の方が優れてゐるといはざるをえないのである。

二　彰考館所蔵写本との比較（一）

次に、玉井博士が「最も古い形を示す」（前出引用）とされた彰考館本との比較を試みることとしよう。幸いに彰考館本は影印本が刊行されてゐる（岩佐美代子編『彰考館蔵中務内侍日記』和泉書院影印叢刊三一）ので、これによることとする。岩佐氏の同書解題（以下Aといふ）は優れたものであり、同氏の『中世文学』二六所載「彰考館本中務内侍日記について」（昭和五十六年、以下Bといふ）とともにに以下の言及でその論点を紹介しつつ、検証していきたいと思ふ。なほ、彰考館本を底本として新日本古典文学大系『中世日記紀行集』にも収録されてゐる（校訂・註釈は岩佐氏）。

まづ、Bの結論的な左の箇所に注目しよう。

扶桑拾葉集の編纂は、中務内侍日記の流布という微視的なただ一点を取ってみてすらも、後世のための一大偉業であった。それは右の伝本一覧を見ても明らかであろう。またその上梓の態度が底本に対してきわめて誠実であった事は、板本における漢字仮名の用法や仮名の字母までが彰考館本に酷似している事をもっても知られる。しかしその誠実さは、一面、校閲者が近世国学者の古典理解の常識をもって本文の字句を改訂し、書写形態を整理し、これによって本文を、当時として筋の通ったものにととのえて提供しようとする態度ともなってあらわれた。この努力は、確かに一部底本の誤写をただし得た点で評価されるべきであるが、また時に誤った改訂を施し、かえって原本から遠ざかると共に正しい理解をも妨げる結果となった場合も一二にとどまらない。これはまことにやむを得ない事であって、これをもって先人の業績を云々すべきでない事はいうまでもないが、後学としてその改訂整理の進行・継承の様相を追い、正しい本文の復原を考えて行く時、そこにおのずから前述のような彰考館本の優秀性がうきぼりにされ、これが孤本という に近い貴重書である事が明白となるのである。（一三ページ）

「右の伝本一覧」といふのは竜門文庫本・彰考館本・扶桑拾葉集異本A・扶桑拾葉集異本B・扶桑

拾葉集板本の五本及び拾葉集板本からの末流本として群書類従本や青谿書屋本をはじめとする二十本のことである。この岩佐氏の評価に対する言及は後述するとして、立証のための論点を検討してみたいと思ふが、その前に板本と彰考館本を具体的に比較しておかう。例へば冒頭の一文を掲げると、板本には、

いたつらにあかしくらす春秋ハ、たゝひつしのあゆミなる心地して、すゐの露もとのしつくに、をくれさきたつためしのはかなき世を、かつ思なからも、とくたつのえんにハすゝます、ミなしやう〳〵せゝにまよひぬへき人けんの八くなるそあさましき、

とあるが、彰考館本では、

いたつらにあかしくらす春秋ハたゝひつしのあゆミなる心地してすゐの露もとのしつくにをくれさきたつためしのはかなき世をかつ思なからもとくたつのえんにハすゝますミなしやう〳〵せゝにまよひぬへき人けんの八くなるそあさましき

となつてゐる。彰考館本には羊・歩・雫・生・苦の文字が傍らに施されてゐるほか、字母の違ひが若

干みられる。板本→彰考館本の順に示すと、

「くらす」の「す」　須→寸
「ためしの」の「た」　多→た
「ためしの」の「の」　乃→の
「とくたつの」の「の」　の→乃
「すゝます」のあとの「す」　須→寸
「あさましき」の「き」　記→文

のごとくであるが、「きわめて誠実であった事」は認められてよいと思はれる。

さて、彰考館本の優秀性は岩佐氏の論及によつて明かとなるが、近世国学者の古典理解の常識を窺ひ知る四点を解題Aによつて紹介しよう。

まづ、第一点は玉井博士の新注（二、月雪のながめ）四ページ（影印本八ページ、新日本古典文学大系本二一六ページ）にみえる、

われならで鳥もなきけりねをそへて明けゆく鐘のさゆるひびきに

といふ歌についてである。五句目に「さゆるひびきに」とあるが彰考館本では「たゆる」とみえ、この歌は『源氏物語』浮舟の「鐘のおとの絶ゆるひゞきにねをそへてわが世つきぬと君に伝へよ」をふまへたものだといはれるのである。影印本をみると「た」の字母は「貴」であり疑問の余地はなく、

浮舟の歌と比べても明らかにこの歌をふまへたものといふことができよう。したがつて、
この事実から、本記の一見感傷的な叙述を額面通りうけとって作者の個人的な性格や体質にまで
結びつけて来た従来の解釈の誤っていたことがわかり、本記全般にわたって、源氏狭衣をはじめ
先行文学の影響を、もっと追求すべきことが示唆されるのである。（解題Aの一八五ページ）
といふのは首肯される指摘である。参考までに、彰考館本を掲げておかう。

我ならて鳥もなきけりねをそへてあけゆくかねのたゆるひゝきに

第二点は玉井博士の新注（五、左中将へ東宮の御使）一六ページ（影印本一九・二〇ページ、新日本古典文学大系本二二九ページ）にみえる長歌についてであるが、末尾の部分を掲げる。

草の名の　わすれがたみの
おもひでや　これあらはれば
〔欠句〕　なかなかいかに
うらみまし　心にこむる
忘れがたみを

この長歌には反歌がみえず変則歌として考へられ、玉井博士の解釈は、
欠句のところは「恨みまし」の主語であったと思われる。即ち為兼を憎む人々であろう。ここが
欠けているのは、虫くいなどの破損によるのではなく、憚る心があって誰かが故意に削ったので

あろう。またこの長歌に反歌の無いのも、もとこれに類した反歌があったのを、憚って削ったのではあるまいか。贈の長歌に反歌があるのに、答にこれのないのは本来の形とは思われない。

（二二～二三ページ）

といふものである。このやうな解釈は扶桑拾葉集本の校訂に原因があると岩佐氏は指摘されるので、拾葉集本を確認してみよう。

草のなの　わすれがたみの　おもひでや　これあらはれハ
欠　　なか〳〵いかに　うらミまし　心にこむる
わすれがたみを

この形態が群書類従本にも採用され、それを玉井博士も採られた訳である。ところが、彰考館本をみると、

すみよしのきしにおふ草のなのわすれ
がたみの思てやこれあらハれハなか〳〵いかにうら
みまし心にこむるわすれがたみを

と書かれてゐるが、岩佐氏は本来は、

あらハれハなか〳〵いかにうらみまし
心にこむるわすれがたみを

とあつたのが、書写の過程で長歌と反歌の間の改行が見落とされた結果であるとされ、
従来行われていた本文形態は、扶桑拾葉集編纂者が各句分ち書きの形に合理的に整備した際の善意の過誤を示すもので、この本文により欠句や反歌欠に特殊の政治的歌壇的経緯をよみとろうとする従来の解釈は、不必要なものと考えられる。（解題Aの一八五〜一八六ページ）

と結論されてゐる。長歌の分ち書きに関しては拾葉集本に収める二首とも施されてをり、これを類従本も玉井博士も踏襲されたのである。その責任の一端は拾葉集編纂者が負ふべきではあらうが、後世の学者達の校訂不足といふ側面も忘れてはならないであらう。岩佐氏がBで指摘されるやうに、長歌の末尾を反歌とみれば贈答歌として立派に成立し、欠句といふ苦肉の解釈を行ふ必要はなくなると思はれるのである。

第三点は玉井博士の新注（七六、浅原為頼の暴行）一九〇ページ（影印本一六九ページ、新日本古典文学大系本二六七ページ）の、

女つとひしめきののしりて、とく、女孀火をけちて、玄上とりて「これ」と申せば、手さぐりに受取りて御所におきつ。

といふ箇所に関してである。玉井博士は「女房たちが、急に集まり騒いで、女孀が手ばやく火を消して玄上を取り出して、これを御持ちなさいと言つて作者に渡したから、作者は手さぐりに受取つて主上の御許に置いた。「つと」は、間をおかず急にの意」（一九一ページ）と解釈されてゐるが、岩佐氏

は彰考館本によれば「つと」は「法と」であり、「女法と」として解釈すべきであると指摘される。確かに影印本でみると「法」と読めるのであるが、岩佐氏は「女法と」は「如法と」であり「いやもう大変に」の意で、校訂者が中世語である「如法」の意を解しなかつた結果であり、それは「女房日記の許容範囲内で、一往はこの大事件の緊迫した状況を表現している」（解題Aの一八六ページ）とされた。

そこで、次にこれを検証してみることにしよう。既にふれたやうに彰考館本では「法」と読めるので、筆写の過程で「つ」に誤写されたものと思はれる。問題は「女法」といふ解釈が成立するかどうか、である。「中務内侍日記」には同例がみえないので、ほぼ同時期の成立である「とはずがたり」に用例を求めてみると、十二例が確認できる。このうち、「如法愛染」「如法経」といふのは仏教用語であるから省き、「如法をれこだれたる」「如法、瘦せ衰へたる」「如法、夜深し」「御所、如法酔はせおはしまして後」等に注目すると、これらは岩佐氏の指摘の用例とすることができよう。ただ、「如法と」といふ用例は確認できないが、意味としては「如法」でも同様であるから今これを問題としなくてよいであらう。また、彰考館本は「女法」であり「如法」ではないが、玉井博士も岩波文庫本「問はず語り」の凡例で「当て字の用いられているもの、例えば、如意輪堂を女意輪堂、如法を女はうと書いてある類は正字に改めた。」と述べられてゐるから「女」が「如」の当て字であることは認められてよいであらう。

第四点は彰考館本の三六丁裏（影印本七四ページ）が白紙となつてをり、これが上巻と下巻を分けることの指摘であるが、これも認められるところである。

岩佐氏はBでもさらなる観点を指摘されてゐるが、以上の論点を検討したのみでも彰考館本の優秀性が充分に確認できたと思はれる。

三　彰考館所蔵写本との比較（一）

岩佐氏によれば彰考館本が扶桑拾葉集本の底本であり、その校訂は誠実であるが、中世の語句等への理解不足からくる不備はまぬかれないとのことである。それは前節の言及によつて認められるところであるが、最も古くかつ優秀な彰考館本を底本としたのであれば当然に拾葉集本が他の写本に比べて優秀であるはずだから、次には拾葉集本そのものを考へてみよう。

拾葉集本が少なくとも群書類従本より優れてゐることは第一節に指摘したが、彰考館本と比べて明らかに異なるのは改行が施されてゐることである。玉井博士の八二段の区分によつてその実際を窺つてみることとしよう。改行の基本は日付であるが、拾葉集本が玉井博士の区分と異なつてゐるのは、二・三・二二・二四・六七・七一の六箇所であるが、群書類従本もすべてこれに従つてゐる。この六箇所は彰考館本でも改行がなされてをらず、それを踏襲した形である。また、和歌は上句と下句で分ける二行書きであり、すべて彰考館本と同じである。このやうにみてくると、岩佐氏の指摘は首肯できるものであり、その「誠実さ」は十分に認められるのである。

次に、彰考館本と異なる拾葉集本の校訂箇所をみてみよう。この箇所は第一節に示した□のところ四箇所が該当する。以下、順次検討しよう。

まづ、六は彰考館本では「いつといひなから」であるが拾葉集本は「いつもといひなから」と改めてゐる。玉井博士は彰考館本を「いつもいひなから」とされてゐるが、誤読か誤植か判断に苦しむ。文脈からみていづれとも決めがたい改定である。

一二の「やをら」であるが、彰考館本では「やハら」となつてゐる。意味は「静かに」であるからいづれでもよいことになるが、しひて改める必要があるかどうかは疑問としなければならない。しかし『古語大辞典』（小学館）の「やはら」の項の語誌（一六六九ページ）には次のやうな解説がある。

今昔物語集では「和ラ・軟ラ・弱ラ」などと表記されているため、「やは（柔）らか」と同源の語と考えて、歴史的仮名遣いを「やはら」とするのが一般である。しかし、「やをら」と意味が近く、「やをら」より遅れて現れるところから、「やをら」の転と考えられ、従って、仮名遣いは「やわら」とすべきではないかと疑われる。なお、「やをら」の仮名遣いも確実な例がないところから、「やほら」ではないかとする説もあるが、「やをら」と同源と思われる「やうやく」の古形は「やをやく」と考えられるから、「やをら」が正しいであろう。

もし、拾葉集の校訂者が何らかの資料に基づいてゐたとすれば意味のあることではあらうが、今は不明とするほかはない。

一四の「沖に釣するもあり」は彰考館本では「をきつりするもあり」とあり、「に」がない。拾葉集本では「に」を補つたのであるが、「をきつり」と名詞にとれば必ずしも問題といふ訳ではない。

八二の「知らぬわが身に」は彰考館本では「しらぬ我身よ」となつてゐる。拾葉集本は「しらぬ我身に」で「よ」を「に」と校訂したのであるが、おそらくは「よ」と「に」は類似してゐるから筆写の誤りと判断したのであらう。歌意からすれば「に」のほうが収まりがよいと思はれる。新日本古典文学大系本にも「竜門文庫本「我身に」。これが正しいか。」（二七〇ページ）とみえる。

以上のやうにみてくると、拾葉集本が確実に校訂上優れてゐるのは一例のみとなるが、他の三例もそれなりの理由はあつたものと思はれるから一概に忌避すべきではないのかもしれない。

四　『扶桑拾葉集』の価値

かつて、池田亀鑑博士は、

水戸の彰考館に蔵せられている写本一巻も、ぜひ校合しなければならない本であるけれど、別に珍しい系統の本とはいえない。（『宮廷女流日記文学』二六五ページ、昭和四〇年版による。）

と述べられたのであるが、後半部は岩佐氏の研究によつて訂正されねばならないであらう。彰考館本の優秀性は岩佐氏によつて証明され、それが影印本の刊行となり、新日本古典文学大系本の底本として採用され、広く紹介されることになつたのである。また、小久保崇明氏によつて『水府明徳会彰考館蔵　中務内侍日記――本文篇――』（新典社叢書一一、昭和五十七年。さらに総索引篇も刊行）が刊行されてゐるのも彰考館本の価値を示すものであらう。

岩佐氏はBにおいて「扶桑拾葉集の編纂は、中務内侍日記の流布といふ微視的なただ一点を取ってみてすらも、後世のための一大偉業であった。」（前出引用）と述べられたのは、まさに彰考館本の詳細な比較検討の結果なのであつた。換言すれば、岩佐氏の研究によつて彰考館本はいふまでもなく扶桑拾葉集そのものの価値が確認されたといふことにならう。

にもかかはらず、次のやうな言及が見受けられるのは遺憾なことである。

本文もしくは全文を採用しなかった『扶桑拾葉集』は、非常に中途半端な文集としかいえないのである。この意味で『扶桑拾葉集』は、近世すでに塙保己一の『群書類従』に質量ともに抜かれたといってよい。（吉田俊純氏『水戸光圀の時代』二二六ページ、平成十二年）

私も『群書類従』を高く評価することと人後に落ちないが、既に言及したやうに「中務内侍日記」に関する限り『扶桑拾葉集』所収本のほうが優れてゐるのである。吉田氏の表現をもぢつていへば質では抜かれてゐないといふことを意味する。従つて、安易に両者を比較すべきではないのであつて、それぞれの価値を見出すべきなのである。また、左の言及も同様である。

そのうえ、校訂技術の稚拙さがあげられる。「枕草子」跋にみたように、『扶桑拾葉集』は異本を参考にしているが、その文は今日一般に採用されているものとは大変に違っている。この理由は収集した諸本の限界でもあるのだが、やはり校訂技術の未熟さを示しているといえる。このために、『扶桑拾葉集』は右に述べたように、「土佐日記」、「紫式部日記」、「和泉式部日記」、「更級日記」、「方丈記」の全文を収めているが、これらを収めた岩波の古典文学大系本では、底本どころか参考本としての扱いも受けてはいないのである。（右同書、二二八ページ）

校訂技術の未熟さは否定できないと思はれるが、今日といへども完璧とはいへないことは玉井博士の新注でも明かである。一般論としては成立するかもしれないが、実際には個々の事例で検討すべき問題である。「土佐日記」に関しては別稿（第三章・第四章）を参照されたいが、精緻な研究によって「土佐日記」の復原を成し遂げた池田亀鑑博士でさへ、「中務内侍日記」においては「別に珍しい系統の本とはいえない」とあつさり切り捨ててをられるではないか。従つて、研究は個々に検討すべきなのである。校訂技術に関していへば、吉田氏自らにも未熟さが窺へることは別稿（第十章）で指摘したところである。また、岩波の古典文学大系によつて判断されてゐるが、岩波本だからといつて完全ではないのである。校訂に関してではあるが、一例を指摘してみよう。日本思想大系（古典文学大系ではないが、同じ岩波といふ点では比較は可能であらう）『近世神道論・前期国学』に安藤年山の「紫家七論」が収録されてゐるのであるが、その中の一節である「しかれば物語は式部三十歳前後にて作れるなるへし」といふ箇所が欠落してゐるのである。ここは「紫家七論」の最も重要な主張であつて単なる誤植や欠落ではすまされない箇所なのである（拙著『水戸派国学の研究』一四〇ページ参照）。収集に関して付言すれば、今日とは比較すべくもなく困難性があつたことは周知のことであるから、取り立てて論じても仕方のないことである。

ところで、新日本古典文学大系『中世日記紀行集』では底本や参考本としたものがみられるのである。校訂は別としても収録の十五編のうち九編が『扶桑拾葉集』に採用されてゐるところをみると、その文学性の価値判断にかなりの共通性を認めることができるのではなからうか。

最後に、自戒の意味を込めて蛇足を付加する。専門家でもないものが専門外のことに安易に批判を加へるべきではない。批判を加へるとすれば、より慎重であるべきであり、それなりの手続きを踏むべきである。それなくしては、単なる言ひがかりにすぎないし、とても学問的態度とはいへない。「これはまことにやむを得ない事であって、これをもって先人の業績を云々すべきでない事はいうまでもない」（前出引用）といふ岩佐氏の言は千金の重みを持つとしてよいであらう。

第十章　『扶桑拾葉集』収録の「賀茂社御願書」について

一　「賀茂社御願書」の本文

義公光圀によつて編集された『扶桑拾葉集』巻十三には後伏見天皇の「賀茂社御願書」が収録されてゐる。この願書は量仁《かずひと》親王（後の光厳天皇）の御即位を祈願されたものである。木版本によつて掲げてみると次のやうである。なほ、改行は天皇真筆とされる旧桂宮家旧蔵の願文（『御即位十年記念特別展・皇室の宝』図録所収の写真による）と比較するために適宜私が行つた。図録の解説には拾葉集所収の旨も記されてゐるが、釈文には誤植がみられるので校訂し、異なる箇所（傍線部、括弧内が写真による対応部分）のみを掲載する。

これ嘉暦三年
としのついてつちのえたつ
九月四日みつのえね（みつのとゐ）

よき日のよきとき（時）
かけまくもかしこき
太上天皇胤仁
賀茂大明神のひろまへに
をそれミ〳〵も申たまはく
それをろかなるせいをかへりみるといへとも
あまの日つきをうけて
くわうとうのしやうりうにあたれり
春宮りうハうのうんにいたるまて
すてに神の御めくみにあつかる（ミ）
としすてにせい人のよはひにおよふ
せんそのうん天のさつくるところ（所）
そのこいたれり
しかあるを
一はうみちなきひけい（ハ）
日をゝひて色をそふ

むしんのかまへ
神かんさためててらしたまハんか（、）
これしかしなから
身のためにして世をかたふくるにあらすや
あめのしたハ一人のあめのしたにあらす
あめのしたのあめのした也
ほしきま丶に
しやねいをもちて正ろをふた。かんこと
神としてあにうけたまハんや（給）
そもく大明神御めくミを
我身にたれたまふこと
この時にあたりてすいさう一にあらす
これをたのミあふきたてまつるに
さらにうんのをそれなし
もとよりのことはり（ハ）
しせんのみちにゆつりて

うんを天にまかするゆへに（か）
かならすこれをひたうにいのらす（火き）
この心をのつから
くわんたいににたるといへとも
むたうよこしまのねんりき
たとひつよくとも
神たういかてかしやをうけ正をすてん
もしむたうのねんりきつよきによりて
しやうたうをたのむ心
くわんたいのとかになけく
これをすてハ
人いよ〳〵きほうをさきとし
国たちまちにほろひうせん
しかあらハしやうちきの神（は）
なにをもちてか
そのめいをつきそのかたちをのこさんや

わくハうのちかひ（わ）
をそらくハむなしきにあるへし
神もししやねいをうけすハ
我ねいしんをもたす
我ねい心をもたすハ
神またすてたまはんや（又、ハ）
いのるところわたくしなくハ（所、は）
神かんさをたゝすして
そのしるしを見せたまへ（み、給）
いのるところもしわたくしましハらは
我とかをかうふらん事
いさゝかもいたむところにあらす（所）
たゝ神に身をまかせたてまつりて
さらに身をわたくしにせす
この心をあきらけくかゝミたまひて
あやまるところなくハ（所）

しやねいを万里にしりそけて
せいちよくのみちをす、め
治天のうんたちまちにひらけん（治天《チテム》）
大明神このしやうをたいらけく（ひ）
やすらけくきこしめして
夜のまもり日のまもりに（火）
まもりさいはひたまへと（わ）
をそれミ〳〵申たまハくと申

少しく本文を検討しよう。まづ二十七行目の圏点の箇所であるが、図録の釈文では「さ」と判読してゐる。『群書類従』収録文も同様であるが（岩橋小弥太博士『花園天皇』では拾葉集を指摘されてゐない。五三～五四ページ）、傍らに小字で「た」を施してゐる。類従収録文は末尾に「右賀茂社御願書以扶桑拾葉集一校畢」とあり、拾葉集によつて校訂されてゐるから小字はそれに拠つたのであらう。校訂に使つたのであるから当然ではあるが、類従収録文は若干の文字使ひ（み→ミ、ひ→い、さらに→更に、等）を除けば拾葉集収録文とほとんど同一である。唯一の相違が「さ」の箇所である。図録の写真によると「さ」ではなく「た」に判読できると思はれ、意味も通ずるから、この箇所は拾葉集収録文の方が優れてゐよう。

次に大きな相違は「みつのえね」（みつのとゐ）、「まかする」（まかすか）、「ひたう」（火きう）の三箇所であるが、干支に関しては『大日本史』後醍醐天皇紀嘉暦三年九月十日の条に己巳（つちのとみ）とみえることから判断すると、「みつのとゐ」が正しいと思はれる。他の二箇所については、遺憾ながら私にはこの箇所の判断材料がない。ただ、誤写といふことも想定できようから、拾葉集収録文が真筆によつた可能性を全く否定することはできないやうに思はれる。いづれにしても、この願書は『大日本史』編纂のための史料収集によつて入手されたのであらうし、史料としての価値とともに彰考館史臣の探索努力は高く評価されてよい。

なほ、吉田俊純氏の「徳川光圀の『大日本史』編纂の学問的目的」（『東京家政学院筑波女子大学紀要』第2集所収、後『水戸光圀の時代』にも収録）にも全文が引用されてゐるが、少なくとも七箇所の誤植（校訂ミス）がみられることを指摘しておかう（ゝの踊り字も加へればさらに四箇所）。誤植等は付き物であるから取り立てていふべきことではあるまいが、直前の「石清水御願書」の引用の後に「これにはかなりの誤りがある」とし、三箇所に言及されてゐるからである（引用自体にも数箇所の誤りがみられる）。三箇所が「かなりの誤り」（もつとも『水戸光圀の時代』では「いくつかの」と訂正されてゐるが）とすれば、氏自身の引用には更なる誤りがあるといふことにならざるをえないが如何であらうか。

二　「賀茂社御願書」の成立

次に願書成立の背景をみてみよう。この願書はすでにふれたやうに後伏見天皇（願書の時点では上皇）が量仁親王の御即位を祈願されたものであるが、後伏見天皇には多くの願書が知られ、この願書もそれらの一つにすぎない。まづ、この点を確認しておかう。それは巻十三には二つの願書が収録されてゐるが、この二願書が後伏見天皇にとつて特別な意味を持つ願書ではないといふことである。勿論、重要でないといふ意味ではない。要するに、量仁親王の立坊や御即位を祈願した願書はこの二つに止まらないといふことである。例へば、文保二年二月八日春日社に納めた願文には「えいうんすでに身にあまれり、ねがふところたゞ無上ぼだいばかりなり。いまさりしりぞくしやうさいによりて、ちかくかず仁の親王せんどこのたびまへをわたさゞれんとおもふ」（岩橋博士『花園天皇』五三ページ。傍線部については「前を渡す」を「前を素通りするという意味」に解釈されてゐる）とあり、これは花園天皇の時であつた。花園天皇の譲位の代はりに「せんど」（先途）を達したいと願つたのである。「せんど」は最終目標のことであるから御即位を指すことは明かであらう。花園天皇は後伏見天皇の弟に当たるから、持明院統内部での皇統の異動を願つてゐることにならう。

いはゆる両統迭立時代の皇位の異動には鎌倉幕府との関係もあつて複雑であるが、願書に関連するところに限定して一応の皇位の異動を確認しておかう。後伏見天皇は「石清水御願書」にもみえるやうに意に反して三年で譲位され、その後は大覚寺統の後二条天皇、更にその後が持明院統の花園天皇となる。花園天皇が十年で譲位され、後醍醐天皇の御即位となる。この時、幕府の意向もあつて量仁親王は立坊とはならず、皇太子には後二条天皇の皇子である邦良親王が立ち、次の皇太子に量仁親王が予定されたのである。ところが、邦良親王が薨去せられて、やうやく量仁親王が立坊となつたのである。時に嘉暦元年七月二十四日であつた。邦良親王薨去後一年四カ月が経つてゐたが、それは邦良親王の王子康仁親王が誕生されてをり、親王冊立を希望する勢力も存在したからである。このやうな複雑な経緯の中でこの願書が成立した訳である。嘉暦三年といへば立坊後二年であるが、後醍醐天皇の十年目に当たつてゐたこともあつて願書を納めたものと思はれる。それは後伏見天皇自らは三年、花園天皇は十年が在位期間であつたから、譲位を祈願されたものであらう。やがて、元弘元年八月元弘の変により後醍醐天皇が内裏を出て笠置山に還幸されたので、量仁親王が九月二十日に践祚された。すなはち、光厳天皇である。願書を納めて三年、ここに後伏見天皇の願ひは達せられることになつた。

三 「賀茂社御願書」の註釈

続いて、注釈を交へながら願書の内容を検討してみよう。三行目の「みつのえね」は先述の通り誤つてゐるが、願書の内容に関する限り大きな問題はないであらう。九行目の「をろかなるせい」は「愚かなる世」であらうが、世は勢かもしれぬ。十一行目の「くわうとうのしやうりう」は「皇統の正流」であり、愚かといふのは謙遜であつて、後伏見天皇の系統が天祖以来の皇統を嗣いでゐるといふのである。次の「りうハうのうん」は「立坊の運」、十四行目の「せい人のよはひにおよふ」は量仁親王が十六歳に達せられたことを指してゐる。十五行目の「せんそのうん」は「践祚の運」で「りうハうのうん」や後の「治天のうん」に対応するものであらう。十六行目の「そのこ」はその期で、成人に達して践祚の時期が到来したといふことであらう。十八・九行目「一はうみちなきひけい」は則ち「一方道なき秘計」で、それが日毎に強くなつてきた、の意。二十行目の「むしんのかまへ」は無心の構へで、次の「かんさためててらしたまハんか」は神々が必ずや照覧されるであらうかの意。二十三行目の「かたふくる」は傾ける、「あめのした」は天の下で特に問題はあるまい。二十七行目の「しやねい」は邪佞で、それを以て正路を塞ぐの意であらう。三十一行目の「すいさう」は瑞相で、目出たいことの起こる前ぶれのこと。三十七行目の「ひたう」は非道であらうが、写真では「火きう」なので火急かもしれない。三十九行目の「くわんたいにたる」は緩怠に似るの意で、前に述べてゐる運を天に任せて非道には祈らないといふことが緩怠であるかもしれない、といふのであらう。四十行目は「無道邪の念力」、四十二行目は「神道いかでか邪を受け正を棄てん」、四十三行目の「むたう」は無道、四十四行目の「しやうたう」は正道、四十五行目は緩怠の科に嘆く、であらう。正道を頼む心を棄ててしまへば「詭謀」が優先されて国は滅びてしまふであらう、といふのが四十六〜八行目の意。四十九行目の「しやうちき」は正直、五十一行目の「めい」は命であらうし、次の「わくハう」は惑法かもしれぬ。ただ写真では「わくわう」なので和光とすべきであらうか。「和光の誓ひ」の方が意味が通ずるやうにも思はれるがどうであらうか。五十三行目の「恐らくは空しきにあるべし」といふのは和光の誓ひが空しいといふことであらう。次の「しやねい」は前出、五十五行目の「ねいしん」は佞心、五十九行目の「かんさ」は神座であらうか。六十二行目の「とか」も前出、「かうふらん」は蒙るの意、六十六行目の「か、ミたまひて」は鑑み給ひて、であらう。六十九行目の「せいちよく」は正直かもしれぬが、「しやうちき」との関係から誠直としたい。次の「治天のうん」は前出の「りうハうのうん」や「せんそのうん」と対応する。量仁親王が践祚となれば院政への道が開かれるといふのであらう。七十一行目の「しやう」は状であらうか。

主な語釈は以上であるが、総じて大覚寺統への非難を含んでゐるとはすることができよう。とはいへ、願書の主旨は量仁親王の践祚（御即位）を祈願されてゐることにみられるとしてよいであらう。しかも、すでにふれたやうに同類の願書が他にも伝へられてゐることや「競馬《くらべうま》」と呼ばれた幕府への働きかけからすれば、大覚寺統に対する持明院統の正統のみを祈願されたといふことはできないであらう。とりわけ、願書が認められた嘉暦三年に「御事書并目安案」といふ文書が幕府に提出されてゐるが、その中で量仁親王の御即位を主張してゐることに後伏見天皇の熱烈なる思ひを窺ふことができよう（森茂暁博士『後醍醐天皇』参照）。またそれは、父たる後伏見天皇が皇子である量仁親王の早い践祚（御即位）を祈願されたとしても何の不思議もないことを暗示するものであらう。

四　「賀茂社御願書」の史料的役割

次に、この願書の『大日本史』における役割を考へてみよう。該当するのは後伏見天皇紀の左の箇所である。

後醍醐帝、位に即くに及びて、更に本院と称す（増鏡）。正和二年、伏見帝、薙髪し（一代要記・歴代皇紀）、上皇、専ら政事を裁す（歴代皇紀・増鏡）。初め上皇在位の時、北条貞時、後深草・亀山の両統迭立の策を定め、限るに十年を以てせり（梅松論）。元亨元年十月に至り、上皇、石清水宮に祈りて、皇子量仁親王を以て東宮に居かんとす。嘉暦元年、量仁、立ちて皇太子となる。上皇、又賀茂社に祈るに、皇太子早く大統を承けんことを以てす（後伏見帝御願書）。元弘元年、後醍醐帝、笠置山に幸するや、北条高時、皇太子を奉じて践祚せしむ。上皇、常盤井殿に御して（増鏡・太平記）、又政事を決す（神皇正統記・増鏡）。

傍線部前半は「石清水御願書」、後半部は「賀茂社御願書」によつてをり、ここは明らかに後醍醐天皇との関連を記述した箇所であらう。したがつて、「後伏見帝御願書」はこれらの二願書のことであり、『扶桑拾葉集』にはそれが優れた和文として収められたのであらう。ここでの記述は両願書によつてその事実を述べてゐるだけである。もつとも、『大日本史』が記述する両統迭立時代には正閏はあてはまらないから史料の活用も事実の把握のためであることはいふまでもない。しかしながら、この両願書に北朝正統をみたのであればその史料の取り扱ひに何らかの片鱗が表はれてゐてもよいのではなからうか。それがないとすれば、両願書に北朝正統の根拠を求めることはあまりにも穿ちすぎなのではあるまいか。この両願書の史料的役割は『大日本史』そのものが見事に表明してゐる、と私は思ふ。

また「北条高時、皇太子を奉じて践祚せしむ」といふ記述は後醍醐天皇紀の「北条高時、皇太子を以て帝を京師に称せしむ」と通ずるものであるが、高時が主語であることに注目せねばならないであらう。それは「(元弘)三年癸酉春正月天皇隠岐に在す」といふ記載と併せてみれば、明らかに隠岐に在す後醍醐天皇が正統なる存在であり、高時によつて擁立せられた光厳天皇とは明確な相違が看取されるからである。

このやうにみてくると、吉田氏がこの願書を義公光圀の北朝正統論の主張として取り上げられたこと(前掲論文)には無理があるやうに思はれる。さらに、北朝正統論そのものの成立にも疑問を呈しておきたいと思ふ。

補註

前章で述べたやうに『扶桑拾葉集』は文学的見地からそれぞれの文章を選んでゐると考へられるので、この願文も例外ではないと思はれる。参考までにやや時代は下るが、拾葉集には未収録である足利尊氏の願文

うか。を掲げておかう。なほ、引用は久保田収博士『北畠父子と足利兄弟』によるが、文学性の比較が可能であら

この世は夢のごとくに候。尊氏にだう心たばせ給候て、後生たすけさせをはしまし候べく候。猶々とくとんせいしたく候。だう心たばせ給べく候。今生のくわほうにかへて、後生たすけさせ給べく候。今生のくわほうをば、直義にたばせ給候て、直義あんをんにまもらせ給候べく候。

建武三年八月十七日　　尊氏（花押）

清水寺

第十一章 『扶桑拾葉集』収録の「うたゝね」について

はじめに

「うたゝね」は阿仏尼（拾葉集の表記は阿仏）の若き日の思ひ出の記であり、短い作品ではあるが、日記として、また紀行文としての文学的価値を有してゐる。『扶桑拾葉集』巻十二が『十六夜日記』をはじめ他の三編とともに収録してゐるのは宜なるかなである。以下には、拾葉集収録の「うたゝね」に関して若干の検討を加へ、その価値を探つてみたいと思ふ。

一 「うたゝね」の諸本

「うたゝね」は拾葉集巻十二の冒頭に収録されてゐるが、『群書類従』巻第三百三十一にも収められてをり、その末尾に「右転寝記以扶桑拾葉集校合了」とみえる。さうすると、類従本はその採用の底本を拾葉集本によつて校合したのであるが、書名を「うたゝねの記」としてゐる。今日善本として採用されてゐるのは、東山御文庫本といはれるものであり、新日本古典文学大系（福田秀一氏校注）や講談社学術文庫（次田香澄氏全訳注）の底本となつてゐる。次田氏によれば主な伝本は写本が三（東山御文庫本・尊経閣文庫本・松平文庫本）、刊本が二（扶桑拾葉集所収本・群書類従所収本）であり、さらに類従本から筆写した『鶯宿雑記』所収本が知られる（学術文庫の解説及び『うたゝね本文および索引』の諸本解説）。善本とされる東山御文庫本は「近世前期、古くて寛文・元禄ごろの書写」（学術文庫の解説）とのことである。尊経閣文庫本は元禄二年の書写であり、扶桑拾葉集は元禄二年の刊行であるからこれ以前の筆写であることには間違ひがない。「うたゝね」の諸本はおほよそ近世前期までの書写本といふことにならう。拾葉集本は「諸本中もつとも東本（註、東山御文庫本のこと）に近い本文を有する」（『うたゝね本文および索引』の諸本解説）とのことであるが、底本は不明である。類従本は拾葉集本とも校合されてゐるが、その実際は明かではない。そこで、次田氏の指摘（学術文庫の解説）を参考としながら、拾葉集本と類従本を比較してみることとしよう。

二　『扶桑拾葉集』所収本と『群書類従』所収本との校異

次田氏は「うたゝね」の本文を二十四節に分割されてゐるから、それに従つて節毎に両者の相違がみられる箇所を示してみよう。以下、『扶桑拾葉集』所収本を拾葉集本、『群書類従』所収本を類従本、次田氏校訂の学術文庫本を文庫本、福田秀一氏校訂の新日本古典文学大系本を大系本と略記する。なほ、次田氏や福田氏の校訂において類従本採用の場合は×、拾葉集本採用の場合は○で区分けを行ふ。

（　）は上段が文庫本、下段が大系本の頁と行をそれぞれ示す。

二　×　類従本「伏し柴のとだに」　拾葉集本「とだえに」
（一五の一二、一五八の一一）

三　○　類従本「つまの」　拾葉集本「つまなる」
（二一の九、一六〇の一）

三　○　類従本「つたの心の色も」　拾葉集本「枝心の色も」
（二一の一〇、一六〇の二）

三　×　類従本「ほかにには異なる」　拾葉集本「ほかにはなる」
（二一の一〇、一六〇の二）

七　○　類従本「かきつれど」　拾葉集本「書き付くれど」
（四三の一〇、一六四の一）

八　○　類従本「おそろしかりける」　拾葉集本「もの恐ろしかりける」
（四八の八、一六四の一三）

一〇　○　類従本「あゆみに」　拾葉集本「歩《あよ》みに」
（五五の三、一六五の一四）

一〇　○　類従本「山なかへ」　拾葉集本「山なかへは」
（五五の五、一六五の一六）

一〇　×　類従本「同じくは」　拾葉集本「同じく」
（五五の一一、一六六の七）

一四　×　類従本「とどめたりければ」　拾葉集本「とゞめがたければ」
（七三の四、一六九の六）

一六　×　類従本「心すまさん人」　拾葉集本「すまさん人」
（八三の九、一七一の七）

一六　○　類従本「見ぬべき」　拾葉集本「すみぬべき」
（八三の九、一七一の七）

一八　×　類従本「いと所狭《せ》う」　拾葉集本「いとゞこゝろせう」
（九二の六、一七二の一三）

一八　○　類従本「こそはなりゆくらん」　拾葉集本「こそはなりゆくらん」
（九二の一一、一七三の二）

一八　○　類従本「心もとなさよ」　拾葉集本「心もとなさに」
（九二の一二、一七三の三）

一八　×　類従本「ほどなきに」　拾葉集本「ほどなさに」
（九二の一二、一七三の四）

一九　×　類従本「はるばる来ぬる」　拾葉集本「はるばる来ぬ」
（九七の四、一七三の一五）

二〇　○　類従本「かたより」　拾葉集本「方よりも」
（一〇八の一、一七五の二）

二一　○　類従本「心ぼそかりし」　拾葉集本「心細かりつる」
（一〇八の二、一七五の三）

二二　○　類従本「うららかに」　拾葉集本「うららかにて」
（一一二の六、一七六の五）

二三　×　類従本「いつを」　拾葉集本「いづるを」
（一一五の一一、一七六の一三）

二三　○　類従本「心のとどまる」　拾葉集本「心とどまる」
（一一六の三、一七七の三）

右のうち○が十三箇所、×が九箇所であり、単純に比較すれば今日の校訂では拾葉集本のほうが多く採用されてゐるから、類従本と比べた限りでは拾葉集本のほうが良本といふことにならう。また、×の箇所は底本とすべて同じであるから（傍線部）、最も善本とされる東山御文庫本と優劣を付けがたいこととなる。さらに言へば、今日の校訂では類従本と拾葉集本とによつて底本を訂正してゐる箇所も一・二に止まらないのであり、また類従本・拾葉集本・底本とともに訂正されてゐる箇所も存在する。このやうな実態は「部分的には確かにもっとも東本に近い佳良な本文を有する扶本ではある」（前掲「諸本解説」）といふ記述を証するに足るであらう。それでは拾葉集本は他の伝本といかなる関係にあるのであらうか。「諸本解説」によれば、

おそらくは修復後の努力にかゝわるものであり、右の一事をもってしても扶本・群本は系統的には尊本・松本より後出とせざるを得ない道理である。

とし、系統的な諸本の関係を次のやうに図示されてゐる。

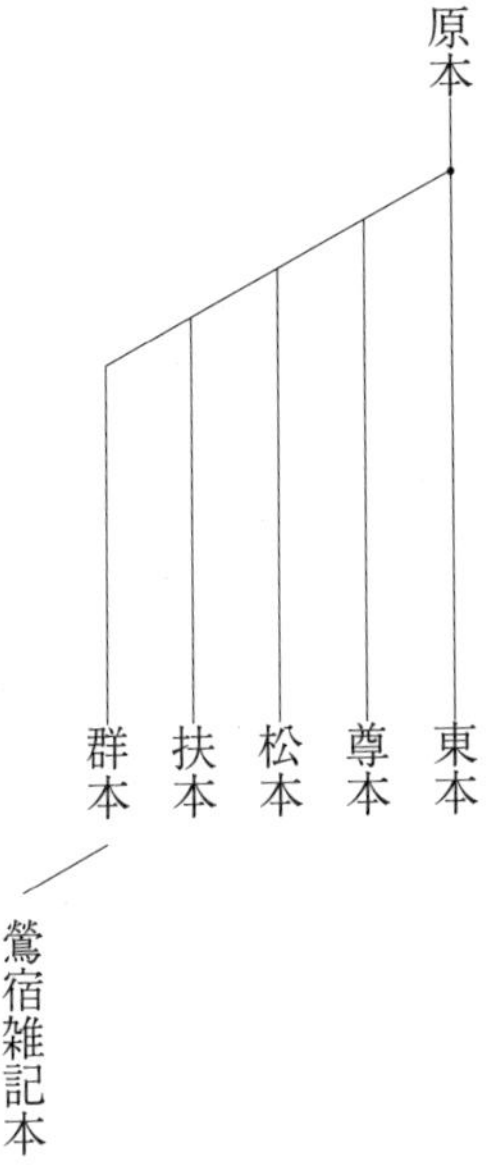

そして、例示に左の箇所を指摘されてゐる。

ふはのせきになりてゆきたゞふりにふりくるにかぜさへまじりてふき行もかきくれぬれば関屋ちかく（文庫本の一一二ページ、大系本の一七八ページ）

この箇所の傍点部分に関して、

尊本・松本は「ふきゆくも」と仮名書きにするが、扶本はこれを「かぜさへまじりふき、雪も、かきくれぬれば、」と読点を打って読み、「ゆく」を「雪」とする。群本はさらに「風さへまじりて吹雪もかきくれぬれば」と漢字化を進めて、東本の「ふき行」風はついに猛「吹雪」と変じてしまったのである。尊本・松本が東本のまゝ「ふき行も」であったならばこうはならなかったであろう。

とされ、東本の傍書五箇所はすべて扶本と一致することや扶本・群本が尊本・松本系をも参考にしてゐることを指摘されてゐる。扶本が校訂上の誤りを犯してゐることは岩佐美代子氏が彰考館本「中務内侍日記」を紹介された際にも言及し、それは当時としてはやむを得ないところであつたとされてゐる（第九章参照）。

また、扶本（拾葉集本）は底本が明かではないが、群本（類従本）とは密接な関係にあり、群本については、

かなと漢字の相違のほかは（諸本中、漢字表記がもっとも多い）群本の本文はほゞ扶本と一致す

る。たゞし、この本独自の本文も少なからず見え、その多くは諸本共通の問題点においてよく意の通ずる本文である。たとえば「とゝめかたけれは」を「とゝめたりけれは」、「いとゝこゝろせう」を「いとゝころせう（いと所狭う）」とするなど、伝本の中でもっとも分かりよい。あるいは恣意によって改めたものかと思われる。（註一部略）

とも述べられてゐる。いづれにしても、最も善本とされるのは東本であり、扶本は群本より先行するものと位置づけられてゐるのである。

三　伊東家本「うたゝね」について

次田氏がふれられなかつた写本に伊東家本がある。この伊東家本は昭和五十五年に永井憲氏によって影印本として刊行されてゐる（新典社、影印校注古典叢書二三）。その解説によれば、伊東章次氏の所蔵で、墨付三十六枚、本文は各面十一行、一行十字から十五字で記されてをり、三十七枚目表に和歌が一首、三十八枚目表に「此うたゝね一冊、後醍醐天皇宸筆無疑者也。三月中旬　黄門俊景」と記した楮紙が貼りつけられてゐるとのことである。後醍醐天皇の宸筆といふのはにはかには信じがたいが、今日に最も古い伝本であるとも解説されゐる。福田秀一氏の大系本解説でも「永井義憲『うたゝね』に影印翻刻された伊東章次氏所蔵本も注意される」と述べられてゐる。ここでの関心は写本の書誌学的観点ではなく、その伝本の由来である。少々長くなるが、煩を厭はずに解説の一節を示してみよう。

さてこの古写本の伝来であるが、伊東家の伝承によれば次のごとくである。すなわち近世末期に当主の夫人となったひとが、長く水戸徳川家に仕えていたが、伊東家に嫁ぐために辞するに際して、奥方はその労をねぎらってこの写本を賜った。そのひとはお梅といい、水戸家重臣の娘であったが、召されて殿様との間に一子をもうけたが、その子は御殿にのこして伊東家に嫁して来たという。その子のものとおぼしい「忠勝公御宋幣之紙」と表に記されたへその緒が丁重に保存せられ、また青磁の踊り獅子の香炉（松平備前守より水戸家へ献上と云う）、葵の紋のある三方、およびおひな様道具一式などが御下賜の品と伝えられて現存する。また、水戸家奥女中からとおぼしい「お梅さま」あての書簡その他が十数通あり、そのうち一通は前後を欠いているが、京都蛤御門の戦いによる長州勢敗北の情況を伝えている。書簡の中に「大殿さま」「上々様」「宮様」などとあっても固有名詞が現れていない。私は、この殿様というのはあるいは水戸家の斉昭公ではないかと推測したが、『徳川諸家系譜』にも忠勝の名を見いだし得ない。斉昭には男子二十二名を数えるがそのうち早世した九名は磨号でのみ記されているが、あるいはそのうちの一人であろうか。斉昭の室は有栖川宮熾仁親王の御娘で登美宮といわれた。この古写本がもしこの奥方からの賜品であったとするならば、当然京都方面からの伝来でこの伝白仙所持本が水戸家よりの下賜という伝承もうなずけるかと思う。

（八～九ページ）

ここに述べられてゐることを確認することはできないが、今は水戸家との関連があるといふことを指摘するに留めておかう。ただ、本文をみると、拾葉集本とは仮名遣ひや字母等が必ずしも一致しないやうであるから、底本とすることはできないと思はれる。

をはりに

梁瀬一雄氏編集の『校注阿仏尼全集』（昭和三十三年）に収録の「うたゝねの記」は拾葉集本・類従本・尊経閣本の三本によつて校訂されてゐるが、その書名からして類従本を中心としたかもしれない。しかしながら、類従本に先行する拾葉集本が参考にされたことは明かであり、研究史上の役割を認めないわけにはいかないであらう。拾葉集には阿仏尼の「庭の訓」も収録されてゐるが、梁瀬氏の全集には拾葉集収録の「庭の訓」が翻刻されてゐるのである。

以上のやうに阿仏尼の作品を一瞥しただけでも、『扶桑拾葉集』の国文学史上における役割を認めることができるやうに思はれる。

付章　水戸の革命論と正統論

――近年の水戸学論をめぐつて――

はじめに

近年、水戸学（水戸藩や水戸関係人物も含む）を論ずるもの、はなはだ多いが、それはそれで大変結構なことである。しかし、革命論や正統論などに関する言及をみると、従来の解釈から逸脱した史料の自己流解釈（史料理解の不足といひ変へてもよい）や叙述上の自家撞着がみられるのである。もとより、従来の解釈にこだはる必要はないのではあるけれども、そこにはおのづと学問的判断がともなふべきことはいふまでもあるまい。私も、水戸学に関心を持つものとして、近年の動向にはある種の不快といふか、不満といふか、さういふ思ひを禁ずることができない。以下には、さういふ思ひを史料にもとづいて、できるだけ客観的に検証してみたいと思ふ。大方の諸賢のご叱正を賜はることができれば幸ひである。

一　尾藤氏の主張と『読史余論』

まづ、最初に取り上げるのは尾藤正英氏の所論である。尾藤氏のおびただしい論文のなかからとりあへず、言及しようとするのは次の論文（関連するものも含む）であるから年代順に掲げてみよう。かならずしも近年のものとは限らないが、水戸学論の基礎として俎上にのせてみようとするのである。

A　日本における歴史意識の発展　岩波講座『日本歴史』二二　昭和三八年
B　歴史思想　『日本文化と中国』中国文化叢書一〇　昭和四三年
C　大日本史の思想　『水戸市史』中巻(一)　昭和四三年
D　水戸学の特質　日本思想大系『水戸学』　昭和四八年
E　新井白石の歴史思想　日本思想大系『新井白石』　昭和五〇年
F　正名論と名分論——南朝正統論の思想的性格をめぐって——
　　『近代日本の国家と思想』　昭和五四年
G　徳川家康の文教政策と国家構想　『江戸時代とはなにか』　平成四年　（初出は昭和五八年）

その他『元禄時代』（小学館・日本の歴史、昭和五〇年）などもあるが、これらをみると濃淡はあるもののその主張は一貫してをり、『大日本史』の思想には儒教の歴史観が根底にあることを新井白石の『読史余論』と比較しながら述べられてゐる。叙述の都合上、革命論から取り上げたいと思ふ。ここでいふ革命論とは時代区分論のことでもあつて、『大日本史』が南朝終焉までを叙述範囲としたのは南朝終焉をもつて古代王朝の歴史が終はつたことの認識であるとし、それは儒教の歴史観によるものであり、『読史余論』と通ずる考へ方であるとするものである。この考へ方を端的に表明したのがBであり、一六ページほどの論文（横書き）であるが、中心論考といってよいであらう。若干を引用しよう。

南朝正統論の主張者の中で、このような儒教的な歴史思想の立場を最も明確に示しているのは、白石である。白石は『読史余論』で南朝を正統と認めるとともに、建武の弊政を指摘し、「然レドモ終ニ運祚開ケ給フコトナカリシハ、皆是創業ノ御不徳ニヨリテ、天ノクミシ給ハヌナルベシ」とし、南朝滅亡以後は「天下ハ全ク武家ノ代トハナリタルナリ」と述べている。これは古代の王朝から武家政府への政権の交替を、天意にもとづく革命とみる考え方であって、やや立場は異なるが山鹿素行（一六二二―一六八五）が「王朝」に対し「武朝」という表現を用いているのも同様の見解を示すものである。『大日本史』の内容が、最初は明徳三年（一三九〇）までと決定されていたのも、これらと同様な見解にもとづくものであったと考えられる。明徳三年は、南北朝の合体した年、すなわち実質上に南朝の亡びた年である。

ここにみえる『読史余論』の引用に関しては飯田瑞穂氏の批判（後述のK）があるが、これについては後述する。私が注目するのは白石の革命論を『大日本史』と同様な見解としてゐることである。また、二ページあとにも「南朝の終末とともに古代王朝の歴史が終わったとする考え方は、皇統が一系であるとする社会通念とも矛盾する。」と述べられ、「後小松天皇までで記述を終わることにした理由が明らかでなく、時代区分の意味が不明瞭になった。これは後小松紀を立てたことが、一種の折衷形式であったためにほかならない。」といはれてゐる。「時代区分の意味が不明瞭」といふのは早くにAでも指摘されてゐる。果たして、このやうな時代区分が成立するかどうかは疑問であるが、後述したいと思ふ。

次に、もつとも新しい論文であるGでも同様の趣旨を展開されてゐるので確認しておかう。

江戸時代の初期に当たる一七世紀の間に著述もしくは着手された歴史書の多くに、右の『読史余論』の場合と同様に、古代王朝からの「革命」の過程として、武家による統一国家の成立を説明しようとする考え方が、ときには必ずしも明示的にではないとしても、ほぼ共通に見出されるからである。『読史余論』と並んで最も代表的なものは、水戸藩で編纂を進めていた『大日本史』であったが、その『大日本史』の構想が、神武天皇に始まり、南北朝時代までで終わるという形をとっているのは、偶然の一致ではない。『大日本史』では『読史余論』でも同じであるが、南朝正統論の立場をとるとともに、その南朝の滅亡によって、古代以来の一つの国家の歴史が終わった、とみなしていたのである。中国では、滅びた前代の王朝の歴史を、次の王朝で編纂するという伝統があったが、『大日本史』編纂という大きな事業が企てられたのも、それと同様な意図にもとづくものであったと推測される。（傍線は梶山、九二ページ）

文中に「歴史書の多くに」とみえるが、B以来指摘されてゐるのは『大日本史』と山鹿素行の『武家事紀』のみである。そしてさらに、日本史全体を考へると「日本の歴史を二つに分けるほどの大きな社会的変革」といふ考へ方を示されてゐる。今、二分法はしばらくおくとして、白石の『読史余論』にふれてみよう。尾藤氏はGで次のやうに述べられてゐる。
冒頭の総論の中で「尊氏より下は、朝家《ちょうけ》はただ虚器を擁せられしままにて、天下は全く武家の代とはなりたるなり」と述べられているように、それは「朝家」すなわち天皇の朝廷から、「武家」の幕府への政権の移行、つまり中国風・儒教風の表現によれば、易姓革命の過程として、日本中世の歴史を統一的に認識することをめざしたものであった。その「朝家」もしくは「皇家」が国家の主権者であった。時代の歴史は、南朝の滅亡とともに終わるので、その九変について叙述した巻一の最後の部分で、白石は、「南朝既にほろびたまひし後は、天下の人、皇家有る事を知らず」とし、その意味でのちに豊臣秀吉が勅命の権威を借りようとしたことも、全く無効で無意味な行為であった、と白石は批評する。従って室町時代以降は、既に実質上は「武家の代」なのであるが、その政権が安定せず、天下の秩序が乱れつづけたのは、要するに足利氏の将軍をはじめ武家の為政者の不徳によるものであったとされ、最終的には完璧な有徳者の出現することにより、初めて新しい武家の国家は完成される。これは有徳者が天命を受けて天下の王となることを歴史の必然とみる、儒教の革命思想に合致した歴史の解釈であるが、……

（傍線は梶山、九〇ページ）

尾藤氏は『読史余論』の歴史叙述を高く評価され、中村孝也氏「史家としての新井白石」（『本邦史学史論叢』下巻所収）を批判してゐるが、Eでも「南朝の滅亡とともに、王朝政権の実体は消滅する」と理解されてゐる。白石が儒教の歴史観によつて『読史余論』を著したのはそのとほりであらうが、いつたい尾藤氏が理解される時代区分は正しいのであらうか。余分なことかもしれないが、私には『読史余論』の時代区分を再度確認する必要があるやうに思はれる。

さて、『読史余論』第一巻冒頭は「本朝天下の大勢、九変して武家の代となり、武家の代また五変して当代におよぶ総論の事」といふ有名な一節から始まる。いふまでもなく、九変とか五変とかいふのは時代区分であるが、いはば白石の歴史把握の二重構造を示してゐる。二重構造といふのは九変の一部と五変の一部が重なるけれども、それぞれが独自の構造をもつてゐるといふことである。九変からみると、

一変　本朝幼主并摂政始（附は省略、引用は岩波文庫本による。以下同じ）
二変　関白并廃主始の事
三変　冷泉已後八代の間、摂家の人々権を専にせられし事
四変　後三条院摂家の権を抑給ひし事
五変　上皇御政務の事
六変　鎌倉殿分掌天下之権事

七変　北条九代陪臣にて国命を執し事
八変　後醍醐復位の事
九変　南北分立の事

となつてゐるが、今問題なのは八変と九変の箇所であるからその詳細をみてみよう。総論の八変は「後醍醐重祚、天下朝家に帰する事纔に三年」であり、九変は「そののち天子蒙塵、源尊氏光明を立て共主となしてより、天下ながく武家の代となる」である。従つて、南北朝合体時は区分の対象となつてゐないことが知られる。次に、五変確認のために総論を掲げると（二行書き部分は省略）、

一変　武家は、源頼朝幕府を開て、父子三代天下兵馬の権を司とれり。凡三十三年。
二変　平義時承久の乱後天下の権を執る。其のち七代凡百十二年。高時が代に至て滅ぶ。
三変　後醍醐中興の後、源尊氏反して天子蒙塵。尊氏光明院を北朝の主となして、みづから幕府を開く。子孫相継で十二代におよぶ。凡二百三十八年。
四変　足利殿の末、織田家勃興して将軍を廃し、挟天子令天下と謀りしかど、事未成して、其臣光秀に弑せらる。豊臣秀吉其故智を用ひ、自ら関白となりて、天下の権を恣にせしこと、凡十五年。
五変　そののち終に当代の世となる。

であり、先の九変のうち六変から九変までがこの一変から三変にほぼ相当し、ここでも南北朝合体は

時代区分の対象とされてゐないのである。厳密にみれば八変と九変の部分が武家の三変に当たることになり、このやうな基本的時代区分をおさへてこそ白石の歴史認識が正確に把握することができるはずである。「謹按」の部分（大久保利謙氏は岩波文庫本の解説で論賛にあたるものとされてゐる）は基本認識の補足であり、補足部分にも白石の歴史観が表明されてゐることは勿論であるが、あくまでも時代区分に関する限り補足の域を出ないとみるべきである。従つて、先に引用したGの傍線部は正しく白石の認識を捉へた叙述とはいひがたいと思はれる。

二　鈴木氏と飯田氏の論争

次に「革命」といふ用例を考へてみることにしよう。ここでは尾藤氏の所論に加へて関連する鈴木暎一氏と飯田瑞穂氏の論争をも取り上げることにしたいと思ふ。両氏の論考は左のとほりである。

H　『大日本史』の続編計画をめぐって　『水戸藩学問・教育史の研究』
　鈴木暎一氏
　昭和六二年（初出は昭和六〇年）

I　再び『大日本史』の続編計画をめぐって――飯田瑞穂氏の批判に答える――
　『茨城県史研究』第六十六号　平成三年
　飯田瑞穂氏

J　鈴木暎一氏「『大日本史』の続編計画をめぐって」吹毛『飯田瑞穂著作集2』平成一二年（初出は平成二年）

K　再び鈴木暎一氏「『大日本史』の続編計画をめぐって」吹毛『飯田瑞穂著作集2』平成一二年（未発表原稿）

「革命」といふ用例を指摘されたのは尾藤氏のBであり、これを鈴木氏のHも踏襲されてゐる。尾藤氏のBは、

要するに『大日本史』の本来の構想は、白石と同様に、儒教の歴史思想にもとづいて、「武将革命」以前に存在した古代王朝の歴史を編纂しようとする意図にもとづくものであったと考えられる。

と述べ、「武将革命」の箇所に「安積澹泊の著した『烈祖成績』（徳川家康の伝記）慶長七年六月一一日条に見える語。」と注されてゐる。この箇所に対して飯田氏はKで、

卒然としてこの文を読めば「武将革命」以前、すなはち南朝の滅亡を「武将革命」と捉へる考へ方が、安積澹泊の『烈祖成績』にもあると考へるのが普通の受けとり方であらう。しかし、これもさうではない。

と批判した後、当該の記事を掲げてこれが正倉院の香木蘭奢待を切り出すことに関する記事であることを示される（飯田氏の引用部分は茨城県立歴史館所蔵の木版本と比べると二字異なつてゐるが、こ

れは問題ではあるまい)。そして、「第一に、以前とか以後とか言へる一つの事件ではない。第二に、そのどれが明徳三年(一三九二)閏十月の南朝の滅亡と関係すると言ふのであらうか。」とされ、「披閲の、必ずしも容易ではない『烈祖成績』を隠れ蓑のやうに使つて、人を誤解に導かうとしたかと邪推したくなる。」とも述べられてゐる。ここで、飯田氏が尾藤氏への批判を展開されたのは鈴木氏の立論が尾藤氏を受けたものだからである。尾藤氏は言及してゐないが、実は「武将革命」の用例に最初に注目されたのは松本純郎氏であつた。松本氏は『水戸学の源流』(昭和二十年刊行)に収録の「安積澹泊に就いて」といふ論文において「同書巻十四慶長七年十一日の条に、本多正純をして東大寺の庫を開き蘭奢待を視せしめるの記事があるが」と、この記事を引用し、

ここに記される「武将革命」といふ言葉は、真に用語法を知るものにとつては使ふべからざる言葉でなければならぬ。澹泊がそれを知らぬ筈はないし、所謂北朝五主を後小松紀に帯書する事を主張した時に、それは「異邦革命之国」とは違ふからであるとの理由を掲げてゐる以上、明かに革命の意を承知してゐたとしなければならぬ。その澹泊が世俗の思考法に従つて極めて安易に「武将革命」の言葉を使つてゐるところに、我々は大日本史編纂の栄を負ふ歴史家澹泊の、暗澹たる転落を予想せざるを得ない事になるのである。

と澹泊に鉄槌を加へられてゐる。引用の「異邦革命之国」は後に「修前代之史。其書法或然。今皇朝一姓相承」と続くから、革命は「異邦」のことであり「一姓相承」の我が国のことではないことは明

かである。従つて松本氏が「安易に」使用したといふのも首肯できるのである。また、『烈祖成績』の原文を虚心坦懐に読めば飯田氏の指摘の通り、「武将革命」と一般的用例の「革命」（例へば「異邦革命之国」の「革命」）ではその意味するところが異なつてゐることは明かといはねばならない。このやうな用例は「国体」などでも同様である。『保建大記』や『新論』でいふ「国体」と白石が『武家官位装束考』にいふ「国体」の意味が異なることは明かであるが（荒川久寿男氏『水戸史学の現代的意義』参照）、飯田氏のKが指摘されるやうに澹泊の「頼朝以来之国体」といふのは幕府制度のことであつて、澹泊には言葉の使用に厳密性を欠く場合がみられるので十分な配慮が必要である（なほ、序でに指摘しておくが、荻生徂徠『政談』巻之三にみえる「当時上方ノ官位ヲ堅ク守テ、三位ト三位ト同格トスルトキハ、朝鮮ヲ禁裏ト同格ト見ル故、公儀ハ一格落コトニナリ、国体ヲ取失ヒ、甚不宜事也」との箇所も白石と同様である）。

　他にも「革命」の用例がないわけではない。例へば、正徳五年五月十三日付水館総裁の江館総裁宛の書簡に「先年安子江戸へ被詰候節南北朝ノ事於其元議被申候ハ北朝ヲ伝立ニ申候ハ革命ノ代ニ而編輯ノ史躰ニて御坐候」（飯田氏Kに引用。『茨城県史料・近世思想編』三〇四ページ）とみえ、「続編議及び樸斎正議」に「其上欧陽ハ異姓革命ノ後世より論シタル故」とか「皇統之分レテ為㆓一宗㆒非㆓五季革命之比㆒」とか「是ハ革命異姓ノ世春秋ノ筆誅ヲ似セ申候」（同四五四・四五六ページ）あるいは「蓋当宋元革命之際」（『澹泊斎文集』巻八所収「湖亭湖筆序」）と記されてゐることは明らかにシナ（漢土）の場合（あるいは記述上の関連で）を指してのことである。従つて、我が国とシナ（漢土）の相違は意識されてゐたはずであり、加へて我が国の例が「革命」ではないことの叙述に苦慮してゐたことが窺へるのである。

ここで、再度『読史余論』に関する尾藤氏の言及にふれておく。それは、既に引用したBの「南朝滅亡以後は「天下ハ全ク武家ノ代トハナリタルナリ」と述べている。」といふ箇所に関する飯田氏Kの批判である。この文は冒頭の総論に付けられた按文の末尾の部分である。全文は「尊氏より下は、朝家はたゞ虚器を擁せられしまゝにて、天下はまつたく武家の代とはなりたる也」であり、飯田氏は「尊氏より下は」が「南朝滅亡以後は」と自説に都合のよいやうに改変して示されたことを批判されたのである。ところで、尾藤氏はGでは「尊氏より下は」から引用されてゐるので「武家の代」となつたのが「尊氏」からであることは承知のはずである。しかし、傍線部からも分かるやうにこの引用文から易姓革命を導き出されてゐるところからみれば、「尊氏より下は」とは無関係の理解であることが窺へる。尾藤氏も引かれる第一巻末尾の按文の一節「南朝既に亡び給ひし後は」は時代区分に関してではないから、これをもつて区切るのは誤読以外の何者でもないと私は思ふ。既に言及しておいたやうに『読史余論』の時代区分は総論に明瞭に示されてをり、疑問の余地はないと判断すべきなのである。

また、白石には「革命」の用例がみられるけれども（「新安手簡」の第二十三号書簡）中国風の「易姓革命」は否定してゐるといふ見方（宮崎道生氏『新井白石』『新井白石断想』及び栗田元次氏『新井白石の文治政治』）からすれば、尾藤氏の理解（Eに「古代王朝から武家への政権の移行を、一種の易姓革命としてとらえようとしたものであった」とみえること、後に引用するFの傍線部、先に引用したGの傍線部等）にはなほ一考を要するところがあらう。

さて、時代区分にふれたついでに水戸学派のそれについても言及しておかう。これも鈴木氏と飯田氏の間で論争となつた問題ではあるが、次のやうな箇所である。

御部分御尤ニ存候此方ニ而も去冬より加詮議上古一宇宙官服斉整一宇宙藤氏専権一宇宙頼朝開府已来摩訶大変一宇宙如此ニ候へハ部分も差別可有之歟（『茨城県史料・近世思想編』四三ページ）

ここでは「上古一宇宙」「官服斉整一宇宙」「藤氏専権一宇宙」「頼朝開府已来摩訶大変一宇宙」の四区分を示してゐるが、これによつて飯田氏はJにおいて、「古代王朝」といふ見解概念、それが南北朝の合一で終るといふ時代区分の意識が、当時存在したといふことを、私は到底肯定することができない。

と鈴木氏のHを批判されてゐる。「頼朝開府已来摩訶大変一宇宙」は頼朝以来の武家政権をいひ、『読史余論』総論の九変中の六変以降に相当する。飯田氏はそれを「武将革命」との関連において批判されたのであるが、もし南北朝合体をもつて革命が起こり新王朝が誕生したのであればもつと深刻な議論が為されたはずであると私は思ふ。

なほ、これに関連して宮田正彦氏『水戸光圀の遺獻』(平成一〇年)に収録の「『大日本史』続編計画の性格」(初出は昭和六一年、鈴木氏のHに対する批判論文)も「後小松ハ申サハ一代之興王ニて御坐候、後亀山にて南朝亡ヒ此際革命の世と相見へ申候」(正徳五年六月九日付往復書案)に注目して、このやうな見解が光圀の承認を得るかどうかと疑問を投じ、革命なら初めから正閏問題が起こり得ないのではないかと論ぜられてゐるが、首肯できる見解である。引用の前半にみえる「申サハ」に注目して批判されたのは飯田氏のJであるが、この「申サハ」は「しいて言つてみれば」の意味で「たとへ」を示すのであらうから、全体の文脈の中で理解すべき表現である。少なくとも後小松天皇が即「一代之興王」ではなく、ましてや「革命」とは直結しない。「相見へ申候」といふのは「そうみえるから」さうではない我が国のあり方の叙述に苦慮したのである。このやうにみてくると、

北朝の天皇の継続を「革命」とはみないのが、当時の史臣のとつた立場である。「革命ノ代ニ而編輯の史躰」となることを避けようとする史臣等が、「易姓革命の理論の影響を強く受けて」、南北朝の合一が「革命」であると主張するはずは、絶対にあるまい、とするのが私の考へである。

といふ飯田氏Kの結論は、この問題の帰結であると私は思ふ。

三　正統論と論賛の問題

続いて「正統論」について考へてみよう。尾藤氏や鈴木氏の論とも関係するが、ここでは主として、

吉田俊純氏の近著『水戸光圀の時代・水戸学の源流』（平成一二年）に収められた、
L『大日本史』編纂の歴史観――北朝正統論をめぐって――（初出は平成一〇年）
を対象とする。

正統論といふ考へ方は元来はシナ（漢土）のもので宋の欧陽脩の「正統論」以来盛んになつた。その概略は『本邦史学史論叢』下巻に収められた加藤繁氏の「大日本史と支那史学」や内藤湖南氏の『支那史学史』（東洋文庫）等によつて知られるが、我が国にはなじまないものであつた。尾藤氏のFは参考になる論文といへるが、次のやうな箇所（とりわけ傍線部）にはやはり問題があらう。

朱子学にもとづく南朝正統の主張は、政治制度としての北朝正統の通念と対立するとともに、また皇統の一系という日本社会に一般的な制度的通念とも矛盾するものであった。この点で注目されるのは、『大日本史』の構想が、神武天皇の建国から南朝の終末までを対象として組み立てられていることであって、これは、正統なる王朝としての南朝の滅亡とともに、古代以来の天皇の国家の歴史も終結するとみる意味での、中国風の易姓革命の思想を前提として本来の構想が立てられていたことを暗示していると考えられる。

ここでも南朝の滅亡に「革命」の要素をみてゐるのであるが、これは既にふれた論点からして認められないところである。

さて、吉田氏のLは義公光圀の北朝正統論に言及した衝撃的な論文であり、これまでの伝統的見解に真つ向から挑戦する内容である。まづは、吉田氏の主張を聞かう。

『大日本史』は南朝正統論の書であるといわれる。しかし、右に考察したように、『大日本史』は北朝正統論の書なのである。より正確に表現すれば、たしかに表面南朝正統論を主張したが、理論的にはその根底に北朝正統論が伏在しているのである。そして、皇統は持明院統＝北朝に帰すことが前提にされているのである。（一四五ページ）

これが吉田氏の主張の要点であるが、しかし氏自ら次のやうな問題を吐露されてゐる。

右にみたように、『大日本史』には北朝正統論が根底に伏在している。そこで次に問題としなければならないことは、それは光圀の思想であるといえるか否かである。右の考察は、安積澹泊の「大日本史論賛」を中心になされた。澹泊は光圀の意を体して編纂に努力したといっても、光圀その人ではない。そのうえ光圀は北朝正統といわなかったばかりか、南朝正統論に強く固執した人であった。（一四六ページ）

この箇所では最初の一文を除けばもつとものことであり、いなそれが問題なのであつて、特に澹泊が問題なのである。澹泊については（論賛についてであるが）後述する。続いて関連の箇所を引用しよう。

長幼の序、それは光圀の生涯を決した道徳規範であった。同時にこの論理は、光圀が北朝正統論者であったことを意味する。（一四八ページ）

光圀の南朝正統論は、武士的な絶対服従の思想に由来している。光圀はこの絶対服従の思想を推奨することに意義を認め、表面南朝正統論を唱えたのである。

（一五〇ページ）

光圀が南朝正統論を唱える一方、北朝正統論者であったことは紛れもない事実である。しかし、光圀は北朝正統とはいわなかった、と人はいうかも知れない。しかし、光圀は他の編纂書において、明らかに彼が北朝正統論者であることを明示している。

（一五二ページ）

このやうな文章を卒然と読めば、光圀は南朝正統論者でありながら、なほかつ北朝正統論者であるといふことになるが、果たしてこんなことがあり得るのであらうか。もしさうだとしたら、皇統を正閏するとは一体どういふ意味なのか。「正統」とはどのやうなことを意味するのか。ここでも先の宮田氏の疑問が生きてくる。「他の編纂書」については後述したいと思ふが、その前に左の一節に注目してみよう。

しかし、若くして朱舜水の門に入り、天和三年（一六八三）より編集《ママ》であった澹泊は、この間の事情を知っていたに違いない。南朝正統論が唱えられた理由と、光圀は論理的にもまた一生のあり方からいっても、北朝正統論者であることを知っていた澹泊にとって、もともと北朝正統論が伏在している『大日本史』の改訂作業に、光圀の方針に反してまで筆を加える必要はなかったであろう。そして、理論的に要約し批評する「大日本史論賛」においては、北朝正統とは直接記さなかったけれども、その趣旨を記したのである。

（一五一ページ）

いよいよ問題の澹泊であるが、この一文は推論による推論にすぎまい。おまけに、段落を変へて次に「詳しい経緯は明確にできないが、南北朝の扱いが今日みられるようになったのは、右のような事情によると思われる。」と記し、推論であることを認められてゐるのである。端的に言へば、何の根拠もないことを自ら告白されてゐるわけである。

さて、澹泊の論賛が光圀の意を体してゐるかどうかであるが、吉田氏は『大日本史』の百王本紀が光圀の生前に完成してゐたし、列伝も五冊が完成し、残りもほぼ草稿が出来上がつてゐたから、論賛は「とくに本紀においては疑いもなく、光圀の承認した『大日本史』の内容を、理論的に要約し批評したものといえる。いいかえれば、光圀の歴史観を表明しているといえるものであるはずなのである。」（一三一ページ）と述べられてゐる。ここで「疑いもなく」とされながら次には「はずなのである」といはれて迷ふのは私だけではあるまい。それはともかく、百王本紀が完成してゐたから論賛はそれを理論的に要約批評したものだといふ。しからば、論賛は光圀が承認を与へたものなのか。勿論さうではない。吉田氏も生前に完成したのは百王本紀とわざわざ記されてゐるから論賛は歿後に成立したものであることは論理上の帰結である。このやうにいふまでもなく澹泊が執筆したことは議論の余地がないのであるが、氏の表現につられて論を進めただけである。要するに、論賛が光圀の意を体したものであるかどうかについての積極的な根拠がないといふことである。根拠が示されることにこしたことはないが、別に示されなくても氏の考察が特に劣つてゐると私は思はない。何故か。

再び尾藤氏と鈴木氏にご登場を戴く。尾藤氏のCでは、

光圀の生前に大友皇子や神功皇后に関する史論を、史臣に命じて執筆させている事実などから判断すれば、光圀に「論賛」を作る意図があったことは明かである。

と述べられるのみである。尾藤氏でさへ、これだけである（ただこれでさへも尾藤氏の独創ではなく大正五年刊行『和漢両文　大日本史論賛集　完』の井川巴水の凡例に既にみえるものである。安見隆雄氏「大日本史と論賛――特に光圀の論賛執筆の意思について――」参照、『水戸光圀と京都』所収。平成一二年。安見氏の論点については後述する）。論賛についてはすぐれた業績をあげられた鈴木氏は『水戸藩学問・教育史の研究』に収録の「『大日本史』「論賛」の成立過程」において、

たしかに「論賛」は、光圀の生前に執筆されたものではないが、光圀が神功皇后や大友皇子に関する史論を史臣に命じて作成させていた事実に徴すれば、光圀に「論賛」を作る意図のあったことは明白であり、光圀と安積ら史臣との間には、この点で共通の理解が形づくられていたとみてよい。（七六ページ）

と述べられ、注に尾藤氏のBを記されてゐる。尾藤氏のBには、

しかし論賛は光圀の生前に執筆されたものではないけれども、光圀が神功皇后や大友皇子に関する史論を、しばしば史臣たちに命じて執筆させていた事実などから判断すれば、光圀には論賛を作る意図があったと認められ、またその内容についても光圀と史臣らとの間に、ほぼ共通の見解

が形づくられていたと考えられるから、これを通じて前期の編纂事業の精神をうかがうことは、決して不当ではないと思われる。

とみえてゐる（同様の見解はDにもみえる）。鈴木氏は尾藤氏のまる写しにすぎないが、要するに根拠はこれだけなのである。だから、吉田氏が推論しか展開できないのはむしろ当然なのであつて、先に「特に劣つてゐると私は思はない」と述べたわけである。しかし、ここで注目すべきは尾藤氏が神功皇后や大友皇子に関する史論のみを指摘されてゐることである。神功皇后や大友皇子とくれば誰でも三大特筆を思ひ浮かべるではないか。三大特筆はいふまでもなく光圀の独創には違ひないけれども、史臣の十分な検討を踏まへた上での結論であり、そして最後の決断が「大義のかかるところいかんともしがたし」（『年山紀聞』）なのである。とすれば、史臣に史論があつて何の不思議もなく、論賛と直結しなければならない理由は少しもないはずである。何故に両氏（吉田氏を含めれば三氏）がここに思ひを致さなかつたのであらうか。私は三大特筆のみにこだはることはしないつもりであるが、このやうに考へると神功皇后や大友皇子に関する史論のみをもつて論賛に結び付けることは必ずしも有力な議論とはいひがたいと思はれる。

以上の推定を助けるのは「新安手簡」に収められた第二十九号書簡である。「白石全集」第五所収のこの書簡は荒川久寿男氏によつて享保八年と推定されてゐるが（『新井白石の学問思想の研究』史料研究篇第五章、全集第五の三五九ページ）、「右本朝の国史に付三大疑有之一には仲哀崩後の事二には仁徳即位の事三には天智崩後の事にて御座候いづれも国史の体は諱ありて筆を曲られ候事共にて直筆とは不相見候如何」といふ白石の質問に対する澹泊の答へである。

御尋之三条皆々故中納言殿常に心を御用ひ日本史編集之主意全く是より起り候て毎度議論被申候事に御座候依之拙者其旨を承り覚罷在致編述候物有之候仲哀より壬申功臣迄八篇別紙為書写入御覧候

「故中納言」が光圀を指すことは明かであるが、その光圀が「毎度議論被申候」といふのであるから史臣の間に議論が存在したことは認められてよい。ただ、「仲哀より壬申功臣迄八編」といふのは論賛のことであらう。なほ、この「新安手簡」の箇所は『本居宣長随筆』第八巻（筑摩版全集第十三巻）にもみえてゐる。

四　再び論賛の問題

次に、観点を変へて論賛を再度考へてみよう。前掲の加藤繁氏の「大日本史と支那史学」には、

正史には皆な論賛があるが、唯だ元史のみはこれを欠いて居る。

とみえ、削除に関しては、

水戸の史官は史通や元史を参考にしたではあらうが、しかし専らそれに聴従したわけではなく、右に述べたやうな特殊の理由に依つて論賛を削除したのである。

と述べられてゐる。周知のやうに論賛は光圀歿後になつて澹泊により執筆され、紀伝の後に付されたが、享和三年六代藩主治保の時に削除されたのである。従つて、今日の『大日本史』に論賛はない。正史にならつたのであれば論賛があるのは当然といふ考へ方もあるが、『大日本史』自体が必ずしもすべてを正史に範をとつたわけではない。叙述形態はいふに及ばず、構成のみに限定しても将軍列伝は独自のものであるし、従つて将軍家族列伝・将軍家臣列伝も同様となる（史記にある世家がないことも考慮に入れてよいであらう）。志と表の作成は光圀在世中に明確にその意思が表明されてゐたが、論賛については明確ではない。また、天神本紀や地神本紀の作成に関しては「御意覚書」にみえるところからして、論賛の意思があればもつと明確な形での表明があつてもよいのではなからうか。

以上に述べたところは推測にすぎないかもしれない。しかし、当時の状況を示す次の史料は論賛を考へるに当たつて重視されてよいと思はれる。

論賛とハ被仰聞候へ共歴史大概論斗之方多ニ付安兄へも御相談賛ハ不入物と之了簡ニ而候史臣之語ニハ論斗ヲ付申ニ而候得は尤韻語ニハ不被成積りニ御座候

（『茨城県史料・近世思想編』二八五ページ）

正徳四年十二月七日付の江戸から水戸の総裁に宛てた往復書案の一節であり、「安兄」は安積澹泊のことを指す。澹泊に意見を求めたところ「賛ハ不入物」といふ意向だつたといふわけである。

この一節に注目されたのは安見氏と鈴木氏（ともに前掲論文）であるが、鈴木氏はこの箇所を次のやうに解釈されてゐる。

この件について相談すると、安積から「賛ハ不入物と之了簡」で今日まで校訂作業をしてきた旨の返事があった。安積としては、紀伝本文にある程度人物の論評は加味されているから、紀伝の校訂作業が完了しようとしているこの時期に、あえて「論賛」を書き加える必要もあるまい、と判断していたのであろう。（文中の注は略）

（『水戸藩学問・教育史の研究』八一ページ）

何気ない表現であるが傍線部は重要である。それは澹泊が賛は不要として校訂を続けてきたのであるから、もし必要であると考へてゐればかういふ返答はしなかつたであらうし、光圀から何らかの指示を受けてゐたか、あるいは光圀の意向（論賛作成の意図）を知つてゐたならばこのやうな表現にはならないはずである。「今日まで校訂作業をしてきた」と述べられたのは澹泊自らに論賛作成に関する意図がなかつたことを証明するのではなからうか。後段はあくまでも推測にすぎないし、その根拠は何もないと判断してよいと思はれる。

一方、安見氏は左のやうに述べられてゐる。

論賛は歴史の大概論であるので、先輩の安積澹泊にも相談したところ「賛は入らざる物との了簡にて候」といふ返事であつたといふのであつた。即ち、澹泊は今まで論賛は不必要な物と認識して紀伝作業を進めて来たといふのであつた。（中略）

そもそも論賛執筆については、当時史館の中心的人物であつた安積澹泊でさへ、論賛は無き物との了簡であつたといふことは、光圀もかつて一度も指示したことが無かつたと思はれる。その代はりに、各紀の末尾に簡略な論評を付しておいたのではないだらうか。

（『水戸光圀と京都』二〇八・二〇九ページ）

末尾の一文はもとより推測であり鈴木氏の解釈の裏返しとはなるが、両氏を比較してみると、安見氏の方がより史料に即した解釈といへるのではあるまいか。澹泊が水戸を代表する史家であることは誰しもが認め、かつ光圀に近侍してゐたところから澹泊を通して光圀の意図を推し量らうとする傾向が一部にはみられる。それは、ある意味では意義のあることには違ひない。しかし、澹泊には注意を要する側面があることは「革命」や「国体」の表現例によつて既にふれたが、真正面から光圀の意に反してまで自らの見解を述べることは考慮しなくてもよいであらう。論賛の意図は学説や史的考証の問題とは全く異なる次元の問題であるからである。

このやうにみてくると、論賛によつて光圀の意図や思考を探らうとすることには方法論的に問題があるといはなければならない。それだからこそ、後年削除されることになつたのであり、少なくとも光圀の意思は確認できなかつたからであつて、当然の結果といふことになる。

ところで、先に引いた「新安手簡」の一節に「拙者其旨を承り覚罷在致編述候物有之候」とみえることであるが、「拙者」は澹泊、「其旨」は三条（三大疑）の議論を指してゐる。留意しなければならないのは、澹泊が議論を受けて編述したのが論賛であると解釈できることである。この場合、この書箇が白石宛であり、論賛執筆を終へた享保八年であることを考慮すれば正徳四年の往復書案と同列に考へる必要はないであらう。といふのは、澹泊と白石の交遊は享保六年秋以後のことであり（宮崎道生氏『新井白石』）、論賛執筆後にあつては藩内の議論と異なり慎重な意見の表明とみることはできないからであり、一方往復書案では今まさに論賛についての意見聴取であるからその点より慎重に表明されてゐると考へられるからである。

さらに、澹泊に関連して紹介しておきたい文章が二つある。一つは『澹泊斎文集』巻八（『続々群書類従』一三巻所収）に収める「謝平玄中書」といふ一文にみえる左の箇所である。

然義公之立論、亦有卓然不可没者、紀伝正名、内南外北朝、又如所論、雖然御紫極而当丹扆、莫非後嵯峨上皇之裔、義公豈得以私心軽重之哉、一以明徳三年神器所帰為断、而興替盛衰之間、必三復致意焉、其余列神功皇后於后妃伝、掲大友皇子於帝紀、皆世人之所駭異者、此非義公之剏見、而推原舎人氏之史也、

傍線部に留意しよう。澹泊は光圀の遺志を明確に捉へてゐるではないか。「内南外北朝」は南朝正統の表明とする以外に解釈のしようがないと思はれる。この一文に注目せられたのは名越時正氏であるが（『水戸史学先賢伝』中の「澹泊安積覚」の項）、名越氏は「光圀と著るしく対照的な弱さを露呈した一面」を指摘しつつもこの箇所に「光圀の祖述者としての澹泊を知る」ことができるとされてゐる。

二つは「日本史の由来書付」（栗田寛氏『天朝正学』一六三ページ。『水戸市史』中の(二)でも引用）にみえる

次の一節である。

全体大日本史の編次、南朝亡迄に限るべき事なり、然るに後小松紀を立てられたるは、深意有之事歟、其故は神器の在所に正朔を帰せらるゝ心にて、明徳三年南朝亡、神器入洛の時より後小松に年号をかゝげ書せられたる事、南北両朝いづれも同く神裔にて、軽重なく、神器北朝に帰したる時は、今日の天下北朝すなはち嫡統たる事、日月の如くあきらかに世にしらしめんためにて、朝廷を推尊ばるゝこゝろなり、（欠字略）

「日本史の由来書付」は澹泊の執筆によるが、ここでも明らかに南朝正統を主張し、そして今の朝廷を尊ぶことがそれに矛盾しないことを述べてゐるのである。

なほ、このやうな南朝正統論は「公之卓見」として「水戸義公行実」や「義公行実」にもみえるから水戸藩の公式見解であるとともにその編集に関与した澹泊も認めた見解といふことにならう。また、私は「謝平玄中書」末尾の「而推原舎人氏之史也」といふ箇所から坂本太郎氏の『六国史』（日本歴史叢書）にみえる次のやうな言及を思ひ起こすのである。論賛に関してであるが、参考までに紹介しておかう。

書紀の撰者は両者を参考にしたが、決して盲従はしなかった。両者にあっても必要がないと信じた項目は、これを取上げなかった。その一つの例は論賛である。中国の史書では、史記をはじめとして歴代の正史はもとより、編年の書でも両漢紀など、みな皇帝一代の終りに事績の得失を論じた論賛をつけている。実録でも論はないが、事績を賛美した賛は加えられている。ところが、日本書紀にはそれは全くない。天皇の崩御・譲位、または大葬をもって、あっさりと打切るのである。代の初めに世系などをいかめしく記したのとは、好い対照をしていると言えよう。

なぜ、書紀は論賛を採用しなかったのであろうか。私は、こちたい言挙げを好まぬ日本人の心性の現われではないかと思う。書紀の記事を見ると、必ずしもすべてを語って余す所がないという態度をとっていない。重要な点を述べて、他は読者の判断にまかせようとしていることがうかがわれる。撰者の立場からあえて論賛を記さなくても、読者は紀中の記事によってみずから判断すればよい。撰者はそう考えたのではあるまいか。ともかく論賛のないことは、書紀のいちじるしい特色である。

（二四〜二五ページ）

『大日本史』の撰者達も、シナ（漢土）の正史を参考にはしたが決して盲従はしなかつたと私は思ふ。

五　『扶桑拾葉集』の正統論

続いて「他の編纂書」についてみることにしよう。吉田氏は『扶桑拾葉集』と『礼儀類典』について言及されてゐるが、その主力は『扶桑拾葉集』にあると思はれるので拾葉集について考へてみよう。拾葉集については第八章と第九章に詳細に述べてゐるから、その大要を掲げて吉田氏の主張を検証するに止めたいと思ふ。『扶桑拾葉集』は全体に優れた和文で、かつあまり長文でないものを収録してゐるが、そこにはおのづと制限もあつて物語・歌論・史論・軍記・研究書等には及んでゐない。例へば「源氏物語」「枕草子」「神皇正統記」「平家物語」等が収録されてゐないのは分量のためと考へられる。

　吉田氏が北朝正統の有力な根拠として強調される「椿葉記」は巻第十九に収録されるが、崇光院流の盛衰興廃を記したものである。持明院統は光厳天皇後、崇光院流と後光厳院流に二分されてをり、「椿葉記」は崇光院流再興に関する史書として位置づけられるのである。村田正志氏は歴史学上の資料及び文学史上における価値を指摘され、

　　椿葉記は単なる史書、或は教訓書たるにとゞまらず、これを室町時代初期に於ける上流社会の代表的文学作品と考へて然るべきであらうと思ふのである。

（『村田正志著作集』第四巻、一一五ページ）

と述べられてゐる。これから、私は「椿葉記」が北朝正統を表明したといふよりは直接には北朝内の崇光院流の再興を主題とし、その顚末を美しい和文で綴つた著作といふ点に収録の要因をみるべきであると思ふ。また、巻十三収録の後伏見天皇の「石清水御願書」と「賀茂社御願書」は量仁《かずひと》親王（後の光厳天皇）の立坊や即位を祈願されたものであるが、これらの願書についても収録状況や後伏見天皇の立場を考慮に入れると、必ずしも北朝正統の立場からのみで考へる必要はなく、文学的見地から

選択されたことを考慮しなければならないのである。

『扶桑拾葉集』全体をみると、北朝関係者の文章が多く収録されてゐるのは事実であり、それは南北朝合体後の政治や文学の状況をみれば当然のことである。また、国文学史上は北朝年号を使用するのも、北朝系の人物の文章が多く残されてゐるのであるから何の不思議もない。若き日の光圀や国学者である吉田活堂も北朝年号を使用してゐるほどであるが、それだからといつて光圀や活堂を北朝論者とは認めがたい。かつて、松本純郎氏も『新葉和歌集』の序文が献上の後に収録されたことに光圀の南朝正統論の自覚を考察されたのであつて（前掲『水戸学の源流』）、そこに一人の人物の精神の向上や学問の深化をみることは十分に可能であらう。

なほ序でに言及しておくと、南朝正統思想は延宝八・九年頃に自覚確立されたと考察されてゐるが（松本純郎氏前掲書）、拾葉集はそれ以前の延宝六年に三十巻が完成してをり同八年に献上されてゐる。完成後も改定がなされたとはいへ自覚確立以前に一応完了してゐるといふ事実を重視すべきであり、そのやうな状況の中で新葉集の序文が新たに挿入されたといふことに意義を認めるのは十分に納得できることなのである。

今日、国文学史上からみても価値あるものが収録されてゐるのも事実である（第九章参照）。もとより、校訂の不備は認めねばならないが、『群書類従』が校訂の参考としたり、一部ではあるが翻刻の底本として採用されたり、拾葉集にのみ収録されてゐるものもみられるからである。また、『参考太平記』の刊行に際して光圀が「北朝ヲ院と称し南朝ヲ帝と称し可申」とか「北朝之方かりそめにも官軍と書申間敷」（往復書案元禄三年三月十五日付、久保田収氏『大日本史の研究』所収「水戸義公の学問的業績」及び但野正弘氏『水戸史学』第三十五号「太平記・参考太平記・大日本史」所引）と指示したことは明らかに南朝正統思想をふまへたものであらう。

かくして光圀に北朝正統論が論理的にもありやうはずはなく、やはり南朝正統といふ伝統的見解に疑ふべきものは何一つ見出すことはできない、と私は判断する。

をはりに

吉田氏は前掲書の末尾に「徳川光圀の天皇観」といふ書き下ろしの一文を収めてゐるが、問題設定のところで、

光圀は『大日本史』などの大著を編纂した学者である。学者の本領は、残されたわずかな一言一句によって判断されるべきではない。何よりもその成果として残された作品、編著書によって判断されるべきである。そこで本書では以下、光圀の最大の業績である『大日本史』とそれを儒教理論で要約し、批評した安積澹泊の「大日本史論賛」とを分析し、天皇がどのように描かれているのかを明らかにすることによって、彼の天皇観を再構成してみようと思う。

（小字部分は省略、二六二ページ）

と述べられてゐる。吉田氏はこの一文の前に「桃源遺事」のあの有名な、

西山公むかしより御老後迄、毎年正月元日に、御ひたたれを召れ、早朝に、京都の方を御拝し被遊候。且又折節御咄しの序に、我か主君は天子也、今将軍ハ我か宗室也。(宗室とハ親類頭也)あしく了簡仕、取違へ申まじき由、御近臣共に仰せられ候。

といふ箇所を引かれてゐるので「一言一句」にこの箇所が該当することは明かである。ところが、この末尾の章には「新論」「玄桐筆記」「国史館日録」「義公遺事」「神道集成」等からも引用して論が構成されてゐるのである。「桃源遺事」が「一言一句」ならばこれらの引用書も「一言一句」ではないのか。それとも違ふといはれるのか。これを自家撞着といはずして何といはうか。このやうな問題設定そのものが矛盾なのであるから、そこから導き出される結論が論理的にも学問的にも正しいはずはあるまいと思ふ。

最後に蛇足を付加する。「革命」や「正統」のやうな言葉もその意味は明確であつて妥協を許さない言葉のはずである。私は言葉の持つ意味を大切にすることなしに先人を理解することはできないと思ふし、ましてや歴史の正しい理解に及ぶことは到底不可能であると思ふ。我々にとつて重要なことは謙虚に先人に学ぶことであり、そのためには「一言一句」ともおろそかにせず正しい把握と理解に努めることである、と私は思ふ。

補注

尾藤正英氏の近著『日本文化の歴史』（岩波新書、平成十二年刊）に次のやうな記述がある。本論を補ふ意味を込めて紹介し、若干のコメントを加へておかう（引用は一五三〜一五四ページ。番号と傍線は梶山による。関連の記述は五七ページにもみえる）。

①易姓革命の歴史観を日本の歴史に適用したことが最も明確なのは、『大日本史』と『読史余論』の場合である。『大日本史』の内容は、南北朝時代の終末である明徳三年（一三九二）までとなっているが、日本史の記述を南北朝時代までで完結したものとみた理由は、②どこにあったのであろうか。『大日本史』では、南朝正統論の立場をとったことがよく知られているが、その正統である南朝の滅亡とともに、古代以来の天皇の国家の歴史も終ったとみる考え方が、③本書の最初の構想にはあったのであろう。安積澹泊（名は覚、一六五六―一七三七）はその回想の中で、本書の初期の構成では、北朝はまったく天皇とは認められていなかったことを指摘し、「異邦革命の世」すなわち中国のような易姓革命のある国の歴史であれば、このような書き方でよいのかもしれないが、日本ではどうか、という疑問を抱④いたと記している。いうまでもなく北朝は、室町時代から江戸時代へとつづく天皇の祖先である。ただ『大日本史』では、南朝の滅亡後、新しい王朝を建てたのが誰であったかについては触れていないし、澹泊が見た初期の稿本も、そののち光圀の晩年のころから、明徳三年に北朝の天皇であった後小松天皇の一代（一四一二年まで）を本紀に立てて記述するなど、しだいに改訂が加えられ⑤たため、革命史観に基づく日本史という性格そのものが、江戸時代後期以降に出版された現行本では不明瞭になっている。

①では依然として『大日本史』に易姓革命の歴史観適用を述べてゐるが、本論で触れたやうに認めることはできないし、易姓革命観自体が③と矛盾すると思ふ。

②も同様に認めることはできないが、「最初の構想」といふのは澹泊が入館した頃の草稿のことであらうか。「最初の構想」であらうがなからうが、『大日本史』に易姓革命観を認めてゐるのであるから意味のない言及である。本論で引いた箇所に「最初」とはみえてゐない。もつとも引用のBでいふ「最初」は明徳三年までと決定されてゐたといふことを指すのであるからこの箇所の意味とは異なるであらうが、混用されたのかもしれぬ。

③は澹泊の回想であり、本論でもふれたやうに澹泊には問題があるが、この箇所を素直に読めば澹泊に易姓革命観を認めることはできないであらう。我が国の歴史に革命を認めなかつたから疑問を抱いたのである。氏が引用された「武将革命」と矛盾すると思ふがどうであらうか。

④については、そもそもが『大日本史』では「新しい王朝を建てた」などといふ見解を立ててゐないのであるから「誰であつたかについて触れてゐない」のは当然であり、誤解からでた自家撞着にすぎない。

⑤では初期の論文以来全く変はつてゐないことが確認される。前提となる時代区分そのものが誤謬なのであるから（『読史余論』の理解については本論でふれた）、『大日本史』の叙述終焉に「不明瞭」といつても何の意味もないであらう。「不明瞭」を批判しつつも尾藤氏の所論を継承展開されたのが鈴木氏であつた。

〔初出一覧〕

第一章　水戸派国学の研究・第二部第四章　『清真学園紀要』第十四号（平成十一年）
第二章　水戸派国学の研究・第二部第六章　『清真学園紀要』第十五号（平成十二年）
第三章　水戸派国学の研究・第二部第一章　『清真学園紀要』第十三号（平成十年）
第四章　水戸派国学の研究・第二部第二章　『清真学園紀要』第十三号（平成十年）
第五章　水戸派国学の研究・第二部第三章　『清真学園紀要』第十四号（平成十一年）
第六章　水戸派国学の研究・第二部第七章　『清真学園紀要』第十五号（平成十二年）
第七章　水戸派国学の研究・第二部第八章　『清真学園紀要』第十五号（平成十二年）
第八章　『扶桑拾葉集』の構成と義公光圀の思想　『水戸史学』第五十二号（平成十二年）
第九章　水戸派国学の研究・第二部第十一章　『清真学園紀要』第十六号（平成十三年）
第十章　『扶桑拾葉集』収録の後伏見天皇「加茂社御願書」について　『水戸史学』第五十四号（平成十三年）
第十一章　新稿
付章　水戸の革命論と正統論——近年の水戸学論をめぐつて——　『水戸史学』第五十五号（平成十三年）

あとがきにかへて

昭和三十二年に刊行された『大日本史の研究』（平成九年「水戸学集成5」として復刊）は学術的に極めて価値の高い論文集であるが、本論を補ふ意味を込めて直接に関連する論考を紹介しておきたいと思ふ。それは、

久保田収氏「水戸義公の学問的業績」
名越時正氏「大日本史と義公」
鳥巣通明氏「大日本史と崎門史学の関係」

の三論（副題は省略）であるが、重要な論点は第一に南朝史料の採訪、第二に義公の林家に対する質問に関してである。

まづ第一について、久保田氏は、

中でも注目すべきは、延宝の半ば以後、とくにいはゆる南朝史料に重点をおいて採訪がなされたことである。採訪の範囲はきはめて広く、これによつて近世史学に貢献したところはすこぶる大きい。延宝八年三月、鵜飼錬斎は吉野へ行き、山中に史料を探つたが、余り大した収穫はなかつた。

と述べ、続いて佐々宗淳の採訪にふれて「これもその中心とするところは南朝史料にあつたとみえ」とされ、さらに「このほか、南朝関係の史料を求めて、貞享二年八月、大徳寺・妙心寺の探索に期待し」（七一〜七三ページ）と記されてゐる。ここでの私の注目は何故にこれほど南朝史料の採訪に尽力したのかといふことである。もし仮に単に歴史の叙述のための採訪であつたとしたならば、

元禄五年五月、佐々宗淳が上京の途、駿河で真字の曽我物語を発見し、またこの年の楠公贈位の発見は当時においてきはめて注目せられ、義公は非常な喜びを禁ずることのできなかつたものであつた。（七四ページ）

といふ記述を如何に理解すればよいのであらうか。やはり、南朝史料採訪は単なる史料蒐集ではなく南朝正統の確立のために行はれたとすべきなのではなからうか。さうでなければ楠公贈位の発見に対する義公の感激を理解することはできないと思はれる。

なほ、これに関連して但野正弘氏は『新版佐々介三郎宗淳』（昭和六十三年）に宗淳の南朝史料の採訪を詳細に述べ、かつ楠公位牌の発見に際し「殊之外ノ御喜色」と喜んだ義公のことを紹介され（一六七ページ）、吉田一徳氏も『大日本史紀伝志表撰者考』（昭和四十年）に義公が南朝関係史料の発見に対して非常に「御満悦ニ被思食」たことに言及されてゐる（六六〜六七ページ）。橋川文三氏でさへ、このやうな史料採訪が「南朝正統論の意味にかかわってくることはいうまでもない」（日本の名著『藤田東湖』四〇ページ）と述べられ、『水戸市史』（中巻の㈠）も同様の見解を示してゐる。

次に第二について、名越氏は『国史館日録』寛文四年十一月二十八日の問答に言及して、

> ところが義公はこれに対し突然具体的事例を提出してその判断を問うた。即ち安徳天皇と後鳥羽天皇、後醍醐天皇と光厳院のどちらを正統とするかと云ふのである。事に拠つて直書すれば云々と云ふものの、これらの問題は実事を記すだけでは善悪の勧懲とするに足らない点を指摘したわけである。これは当時の問題意識を示すと共に鵞峰の史観を試み訊さんとする鋭さを持つものと云へよう。

と述べたあと、日録の記事を示される。そこから林家の態度を、

> 第一に「上覧の書」であることに拘泥して自己の見解を強ひて包み隠さうとして居ること、第二に所謂南北朝の問題に就いては何れを正統とするか判断に迷つて居ること、第三に右の点については学問による判断よりも公命によつて決すべく、敢て凡俗の批判に対決すべき学問的使命を逃避して居ること等が注目される。

と抽出し、そして日録から義公の質問である、

> 抑安徳西狩之後、正統猶在安徳乎、然平氏之所立、則以在洛帝為正統乎、後醍醐不伝位、高時立光厳、尊氏立光明、此等之所、孰以為正統乎。

を引用し「問題は武家の皇位干渉をどう見るかといふ質問でもある」とされたのである（一二三〜一二五ページ）。一体義公の質問の意味はどこにあつたのか。返答に対する義公の態度について日録は

「莞爾」と記すのみであるが、その意味するところは何か。日録の記事から窺へるところは義公の判断が林家のそれと異なるといふことである。さうでなければ「莞爾」であるはずはあるまい。同感ならばさう記して何の障害もないはずであるし、幕府と御三家との判断が一致すればこれほど林家にとつて幸いなことはないと思はれる。しかし、実際はさうではなかつたのである。この日録の箇所は一部鳥巣氏も同様に引用され、「莞爾」については、

それが同意を意味するのか、敢て反駁しなかつたのか、例の権力に阿附する林家流を憫笑したのか、これだけでは判断し難いが、とにかく寛文四年の義公がそれまでの吉野時代の取扱ひに疑問をいだいてゐたことは確認してよいであらう。

とし、「公の疑問は鵞峰の滔々たる能弁によつても氷解せず、吉野時代の史実に対する強い関心となり」（二四三ページ）と述べられてゐる。

また、吉田一徳氏も『大日本史紀伝志表撰者考』に「義公光圀の南朝正統史観と林家の史観について」といふ一節を設けて比較を試みられてゐる。

以上の二点に関する先学の言及は義公の南朝正統思想を裏付けるものではあつても、決して否定に結び付くものではない。

このやうにみてくると、やはり、私は『年山紀聞』巻之五の左の記事をかみしめなければならないと思ふ。

この館にして、神武天皇より後小松帝までの本紀、ならびに公武諸臣の列伝を、史漢の体に撰ばせたまふ。其中に神功皇后を后妃伝に、大友皇子を帝紀に載せ、三種神器の吉野よりかへりたるまでを南朝を正統とし玉ふなん、西山公の御決断なりけらし。館の諸儒たちさまざま議論ありて、御顔ばせを犯したる輩も有しかども、これ計は某に許してよ、当時後世われを罪する事をしるといへども、大義のかゝるところいかんともしがたしとて、他の議論を用ひたまはず。

（『日本随筆大成』16第二期、四一〇ページ）

○

本書は「まへがき」に記したやうに前著『水戸派国学の研究』以後に執筆した論考をまとめたものであるが、満五十歳の記念論文集の意味も含めてゐる。私が書いた論文を密かに読んでくれてゐた亡き父、そして未だ健在の母に感謝しつつ編集を終へたが、悔やんでも悔やみきれないのは畏友吉沢義一氏を病のために昨年九月に失つたことである。私より二歳年少の氏とは三十年来の交遊を維持し、かつ学問上の切磋の友でもあつた。研究を進めるに当たつて氏から受けた恩恵ははかり知れず、特に歴史館勤務時代には私の無理な要請にも快く応じて戴いた。長年にわたつて筆舌に尽くし難い学恩を頂戴したことに感謝するのみである。氏のご冥福を心よりお祈り申し上げる。

末尾ではあるが、『水戸史学』掲載の論文に適切なご助言を戴いた宮田正彦副会長及び本書の刊行を引き受けられた錦正社の中藤政文社主に厚く御礼申し上げる。

著者略歴

梶《かじ》 山《やま》 孝《たか》 夫《お》

昭和26年　茨城県生
清真学園高等学校・中学校に勤務（現在教頭）
水戸史学会理事
鹿嶋市文化財保護審議会委員
鹿嶋市史編纂委員会市史刊行専門委員
博士（文学）
主要編著書　吉田活堂の思想（筑波書林）
新版佐久良東雄歌集（錦正社）
水戸の国学・吉田活堂を中心として（錦正社）
水戸派国学の研究（臨川書店）
現住所　〒300-0504 茨城県稲敷郡江戸崎町江戸崎甲955-2

〈水戸史学選書〉大日本史《だいにほんし》と扶桑拾葉集《ふそうしゅうようしゅう》

平成十四年七月十五日 印刷
平成十四年七月二十日 発行
定価本体二、九〇〇円（税別）

著者 © 梶山孝夫
装幀者 吉野史門

茨城県水戸市新荘一の二の三〇（名越方）
発行所 水戸史学会
電話 〇二九(二二七)〇九三四
振替 〇〇三九〇-三-八四〇三

東京都千代田区神田錦町一—四—五
発売所 錦正社
電話 〇三(三二九一)七〇一〇
FAX 〇三(三二九一)〇一七〇
振替 〇〇一三〇-四-一三六五三五
印刷 文昇堂
製本 山田製本印刷社

ISBN4-7646-0259-8

錦正社好評関連書ご案内

〈水戸史学選書〉 〈本体価格〉

水戸の國學 ―吉田活堂を中心として―	梶山孝夫	三、四〇〇円
水戸の學風 ―特に栗田寛博士を中心として―	照沼好文	三、二〇〇円
新版 水戸光圀	名越時正	二、八一六円
新版 佐々介三郎宗淳	但野正弘	三、〇一〇円
水戸光圀とその餘光	名越時正	三、三〇〇円
水戸光圀の遺猷	宮田正彦	三、六〇〇円
水戸光圀と京都	安見隆雄	三、九〇〇円
水戸學の達成と展開	名越時正	三、一〇七円
〈水戸の人物シリーズ〉藤田東湖の生涯	但野正弘	一、三〇〇円
〈水戸の碑文シリーズ1〉栗田寛博士と『継往開来』の碑文	照沼好文	一、四〇〇円
新版 佐久良東雄歌集	梶山孝夫編	一、九四二円

以上…水戸史学会発行・錦正社発売

芭蕉の俤	平泉澄	二、〇〇〇円
武士道の復活	平泉澄	三、五〇〇円
國史學の骨髓	平泉澄	二、七九六円
日本の悲劇と理想	平泉澄	一、七四八円
先哲を仰ぐ	平泉澄	普及版三、〇〇〇円 愛蔵版四、〇〇〇円

〈税別〉